떡 만들기

봄·여름·가을·겨울

양성숙

TEXT BOOKS
텍스트북스

저자 소개

양성숙 | 조리기능장

학교에서 가정과 교사로 학생들을 가르쳤으며, 퇴임 후에는 우리 음식과 문화를 배우고 가르치는 일에 행복을 찾고 있다. 그 즐거운 과정 중에 국제요리경연대회 금상(2011년), 한식의 날 축제 전시부문 금상(2014년)을 받았다. 현재는 고양시 여성회관과 고양 문화의 집에서 떡과 음식 관련 강좌를 맡고 있다.

떡 만들기 봄·여름·가을·겨울

발행일 2019년 5월 15일 **저자** 양성숙 **발행인** 이한성 **발행처** 텍스트북스
기획 강찬일 **교정** 윤화숙, 김정자 **마케팅** 이재광, 편무석
주소 서울특별시 마포구 독막로 320, 태영 데시앙 오피스텔 803호 (도화동)
전화 02 702 5725,6 **팩스** 02 702 5727 **웹사이트** www.textbooks.co.kr
등록번호 제2018-000190호

ISBN 978-89-93543-35-3 93590
정가 14,000원

Copyright © 2019 TEXTBOOKS, Inc.
이 책은 저작권법에 의해 보호를 받는 저작물이므로 어떠한 형태의 무단 전재나 복제를 금합니다.

떡 만들기
봄·여름·가을·겨울

머리말

예로부터 우리 선조들은 떡을 사랑했다. 떡 한 접시에 감사하는 마음을 담았고 간절한 기원을 담았고 사계절 변화하는 자연을 담았다. 그러나 시대가 바뀌면서 우리의 식생활도 변했다. 우리 땅에서 나는 다양한 곡물을 주재료로 하는 떡 문화가 밀가루와 버터를 주재료로 하는 빵 문화에 밀려 점점 설 자리를 잃어가고 있다.

우리 전통문화가 사라지고 있다는 점보다 더 안타까운 것은 '누워서 떡먹기'처럼 아무렇게나 먹어도 속이 편한 음식이 외면당하고 있다는 점이다.

이 책은 방부제나 화학첨가물 없는 우리 떡을 어떻게 하면 많은 사람들이 쉽게 접할 수 있을까 하는 고민 끝에 나오게 되었다. 오랫동안 떡 연구를 하고 떡 강좌를 진행하면서 스스로 만든 떡에 감동하는 젊은 사람들을 많이 보아왔다. 그런데도 떡이 대중화되지 못한 것은 먹기는 쉬워도 만들기는 어려울 것이라는 막연한 생각 때문일 것이다. 찜기 하나만 있어도 건강하고 예쁜 떡 케이크를 만들 수 있는데 이렇게 떡이 대중과 멀어진 것은 정보 부족이라는 생각이 든다. 각종 제빵제과 관련 책은 넘쳐나는데 초보자도 쉽게 도전할 수 있는 떡 관련 책은 거의 없으니 말이다.

대부분 음식관련 책과는 달리 이 책에 실은 완성된 떡 사진과 제작과정 사진들은 시간과 비용을 들여 특별하게 만들거나 인위적으로 모양을 내지 않았다. 떡 강좌 시간에 짬짬이 휴대폰만으로 찍은 사진들을 레시피에 맞게 재배치하고 약간의 손질만 하였으니 독자들도 충분히 비슷한 모양으로 결과를 낼 수 있으리라 생각된다. 이 과정에서 '고양 문화의 집' 저녁 떡 강좌를 듣는 분들이 자기 일처럼 나서 많은 도움을 주셨기에 책이 나올 수 있었다. 십수 년을 떡 연구를 위해 함께 애써주신 김옥주 선생님과 임윤희 선생님께도 감사 인사드리며, 음식관련 외부 활동으로 소홀한 집안 살림에도 불구하고 격려해 준 남편과 가족에게 사랑을 전한다. 이 분들의 배려에 감사드리며, 떡보다 더 사람에 애정이 있어 더 고마울 따름이다.

끝으로 이 책을 읽는 사람들이 조금이나마 우리 떡의 아름다움과 건강함을 알게 된다면 오랫동안 떡을 연구해 왔던 힘든 시간들이 보람으로 다가올 것 같다.

양성숙

차례

머리말

쌀가루
팥고물과 팥앙금
거피팥과 거피녹두 고물
조리 도구

떡의 시작: 백설기

사계절 떡
· 봄
· 여름
· 가을
· 겨울
· 한과

봄

 단호박 매화 케이크 24

 쑥구리 단자 26

 녹차 설기 28

 녹차 찹쌀말이 30

 웃지지 32

 쑥인절미 34

 쑥버무리 36

 쑥갠떡 38

 보리떡 40

 장미절편 42

 당근 치즈 떡케이크 44

 보리찰떡 46

 복분자 떡케이크 48

 오방구름떡 50

 적채 설기 52

 단호박 떡케이크 54

 딸기 찹쌀떡 56

 딸기 설기 58

 두텁경단 60

여름

차수수 부꾸미 64

녹두메편 66

커피 설기 68

상추 시루떡 70

망고 떡케이크 72

콩 설기 74

누룽지 서리태 버무리 76

개피떡 78

둥글레 영양찰편 80

포도 설기 82

포도무스 떡케이크 84

고구마 떡케이크 86

마 설기 88

두텁메편 90

자색고구마 영양찰떡 92

호박말이 찰편 94

무 시루떡 96

연잎 찰밥 98

가을

 오색 송편 102

 두텁떡 104

 모듬 찰떡 108

 구름떡 110

 약식 112

 대추 약편 114

 대추 찰단자 116

 경주황실떡 118

 단호박 메시루떡 120

 삼색편 122

 호박 찰편 124

 완두 반찰 팥시루떡 126

 삼색 무리병 128

 흑미 찹쌀떡 130

 은행 단자 132

 승검초 영양찰편 134

 궁중 인절미 136

 색동 설기 138

 호두편 140

겨울

 귤병 단자　144

 메구름떡　166

 콩가루무스 떡케이크　146

 호박 흑미찰편　168

 호박고지 팥시루떡　148

 무지개떡　170

 서리태 꿀편　150

 콩가루쑥편　172

 초코 떡케이크　152

 카라멜 카푸치노 떡케이크　174

 흑미 찰시루떡　154

 꿀편/승검초편　176

 팥앙금떡　156

 찹쌀떡　178

 현미 영양떡　158

 흑임자편　180

 백일 떡케이크　160

 봉치떡　182

 구운 찹쌀떡　162

 궁중 약식　164

한과

오색 쌀강정 186

개성 약과 190

양갱 192

쌀튀밥 강정 194

단호박 무화과 양갱 196

견과류 강정 198

호두 강정 200

깨엿 강정 202

쌀가루

떡의 기본은 쌀이며 멥쌀과 찹쌀 두 종류가 있다. 쌀가루는 상점에서 규격품으로 판매하는 건식 가루와 방앗간에서 빻은 습식 가루가 있는데, 떡은 주로 습식 가루를 사용한다. 떡집에서 멥쌀과 찹쌀 습식 가루를 500g, 1kg 단위로 냉동 판매하는 곳도 있으니 소량 구입하여 떡을 만들면 편리하다. 쌀가루 내기와 물주기에 대해 간단하게 정리하면 다음과 같다.

- 쌀에 붙어있는 먼지나 잡티 등을 없애고 물에 1~2회 씻는다.
- 쌀은 5시간 정도 물에 불린다. 단 계절에 따라 여름에는 4~5시간, 겨울에는 7~8시간 정도 불린다.
- 쌀을 불리면 멥쌀은 무게가 1.2~1.3배, 찹쌀은 무게가 1.4배 정도 된다(부피는 1.6배 정도 늘어난다). 물의 온도에 따라 불리는 시간은 길거나 짧아진다.
- 불린 쌀은 체에 받쳐 물기를 뺀다. 물기가 제대로 빠지 않고 가루를 내면 덩어리지게 되어 체에 내려가지 않고 남는 쌀가루가 많아진다.
- 불린 쌀은 소금간하여 가루를 내는데, 소금간은 비율은 마른쌀 1되(5컵)에 소금 1큰술 이다. (일반적으로 방앗간에서 빻을 때 소금량은 말하지 않아도 적당하게 들어가며, 소금이 필요없을 때만 말하여 빻는다.)
- 멥쌀은 두 번 빻는다. 처음에 소금 넣고 굵게 빻고, 두 번째 빻을 때는 불린 쌀 무게 10%의 물을 주어 곱게 빻는다.
- 찹쌀은 소금 넣고 곱게 한 번만 빻는다.
- 떡을 할 때는 쌀가루에 물을 주어 체에 내리는데, 물 주기는 멥쌀가루 5컵에 물 2~4큰술이고 찹쌀가루는 물 주는 양을 적게 한다(물 주는 양은 쌀가루의 수분 정도에 따라 다르므로 항상 쌀가루 상태를 확인해야 한다).
- 쌀가루에 따라 체 내리기는 다르다. 멥쌀은 가는체에 2~3회, 찹쌀가루는 굵은체에 1회만 내린다. (백설기, 떡케이크, 증편 등은 멥쌀가루가 고와야 하므로 가는체에 2~3회 내린다. 찹쌀가루는 굵은체에 한 번만 내린다. 찹쌀가루가 너무 고우면 김이 새나갈 틈이 없어져 설익거나 익는 시간이 길어진다. 멥쌀떡은 익을 때 가루와 가루 사이에 공기층이 생기고, 찹쌀떡은 익으면서 가루가 서로 붙어 틈이 없어진다.)

팥고물과 팥앙금

팥고물

1. 붉은 팥은 씻고 일은 뒤 물을 넉넉히 넣어 끓어오르면 첫 물은 버린다.
2. 팥의 3~4배 정도의 물을 부어 푹 무르게 삶는다.
3. 푹 삶아지면 여분의 물을 따라내고 타지 않도록 뜸을 들인다.
4. 한 김 나간 후 절구에 쏟아 소금을 넣고 대강 찧어서 팥고물을 만든다.

팥앙금

1. 팥은 씻어 물을 넉넉히 넣고 끓어오르면 첫 물 버리고, 다시 물을 붓어 푹 무르게 삶는다.
2. 고운체에 팥을 내리고 체에 남은 팥 껍질은 냉수에 씻어 다시 고운체에 내려 살이 붙어나가지 않도록 한다.
3. 팥앙금을 두 겹으로 된 베 주머니에 넣어 물기를 꼭 짠다.
4. 물기 뺀 베 주머니에 남은 팥앙금에 소금을 넣고 팬에 약한 불로 볶는다.
5. 볶아 거의 수분이 없어지면 설탕을 넣어 볶으면 완성된다.
   (앙금 무게 1kg, 소금 1/2큰술, 계피 1작은술, 설탕 7큰술)

거피팥과 거피녹두 고물

거피팥고물

1. 거피팥을 물에 담가 6시간 이상 충분히 불린다.
2. 불린 팥을 제물에서 거친 그릇에 담고 문지르거나 손으로 비벼 껍질을 없앤다.
3. 조리로 일어 돌이나 잡티를 제거한 후 찬물에 여러 번 헹궈 소쿠리에 건져 물기를 뺀다.
4. 찜기에 면포를 깔고 30분 정도 푹 찐다(찔 때 찜기 뚜껑을 마른 면포로 싼다). 알갱이는 손으로 눌러서 딱딱한 것이 없어야 한다.
5. 한 김 나간 후에 소금간을 하여 방망이로 으깬 후 체에 거른다(식은 후 커터기로 갈아도 됨). 거피팥 3컵에 소금 1작은술 넣는다.

녹두고물

1. 깐 녹두는 5시간 이상 충분히 불린다.
2. 녹두를 일어서 물기를 뺀다.
3. 찜기에 면포를 깔고 거피한 녹두를 안쳐 푹 무르게 찐다.
4. 잘 찐 후 소금 넣고 절구로 빻아 어레미에 내린다(녹두고물 4컵에 소금 1/2큰술).

조리 도구

물솥

대나무 찜기

스텐 찜기

스텐볼 (스텐 가는체)

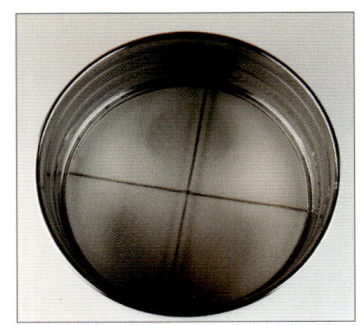
스텐 굵은체

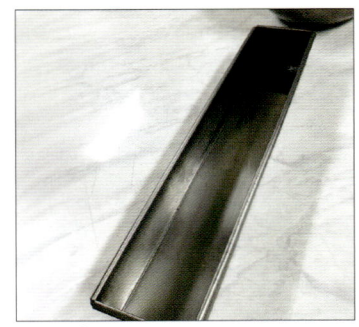
구름떡틀

테프론시트

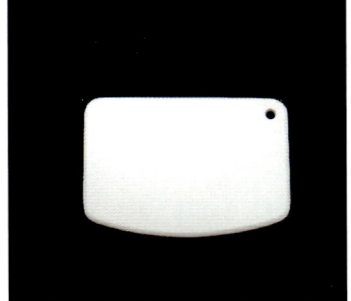
스크래퍼

시루밑	계량 스푼	나무밀대
계량컵(스텐)	떡도장	떡 분할판
원형 무스링	전자저울	강정 사각틀
펀칭기	실리콘붓	분당체

떡의 시작

백설기

백설기

재료
멥쌀가루 600g, 물 8큰술, 설탕 6큰술
※ 떡을 3호 찜기(지름 30cm)에 할 때는 멥쌀가루 900g, 물 13큰술, 설탕 9큰술

멥쌀가루 　　 찜기와 무스링

만드는 법

1. 멥쌀을 깨끗이 씻어 8시간 정도 불린 후 30분 정도 물 빼주고 소금 넣고 빻는다.
   (쌀 1kg에 소금 1큰술 넣는다.)
2. 쌀가루를 체에 한 번 내리고 물 8큰술 넣어 수분 맞추고 중간체에 내린다.
3. 백설기는 고운체에 한 번 더 내린다.
4. 분량의 설탕을 넣고 고루 섞는다.
5. 찜기에 시루밑 깔고 고루 펴서 안친다.
6. 쌀가루 위로 김오른 후 20분 찌고 약불로 5분 뜸들인다.
7. 무스링을 사용할 때는 쌀가루를 안치고, 10분 후 무스링을 빼고 10분 더 찐 뒤 약불로 5분 뜸들인다(찌기 전에 무스링을 상하좌우로 약간만 밀어 쌀가루와 유격을 주면 무스링에 기름을 바르지 않아도 된다).

쌀가루 1/2 넣기 | 중간에 설탕 넣기 | 쌀가루 1/2 넣고 스크래퍼로 정리

체로 솔솔 뿌리기 | 끓는 물에 올리기 | 완성된 백설기

단호박 매화 케이크

재료
멥쌀가루 700g, 단호박퓨레(찐 단호박) 180g, 설탕 6큰술, 대추 2개, 호박씨

단호박퓨레 　　　대추 　　　매화 무스틀

만드는 법

1. 단호박은 씨를 빼고 김오른 찜기에 푹 찐 후 살만 긁어 으깨 놓는다.
2. 멥쌀가루 600g에 단호박퓨레를 넣고 손으로 곱게 비벼 섞은 후 중간체에 내려놓는다.
3. ②에 설탕 5큰술 넣어 골고루 섞어 놓는다.
4. 멥쌀가루 100g에 물 1큰술 넣고 잘 비벼 고운체에 내린다. 체에 내린 쌀가루에 설탕 1큰술 넣어 섞어 준다.
5. 찜기에 매화 무스틀을 놓고 단호박 섞은 쌀가루 1/2을 고르게 펴준 다음 → 흰쌀가루 고루 펴주고 → 나머지 단호박 가루를 고르게 펴준다.
6. 끓는 물솥에 찜기를 올리고 가루 위로 김오르면 뚜껑 덮어 10분 찌고 매화 무스틀을 빼내고 다시 10분 찌고 5분 뜸들인다.
7. 대추 돌려깍아 장미꽃 모양을 만들어 올리고 호박씨로 장식한다.

단호박 넣은 쌀가루 체에 내림 | 단호박 섞은 쌀가루 안치기 | 흰쌀가루 안치기

단호박 섞은 쌀가루 안치기 | 스크래퍼로 정리 | 무스틀과 쌀가루 유격주기

쑥구리 단자

재료
찹쌀가루 1kg, 설탕 8큰술, 꿀 1 큰술, 데친 쑥 130g

고물
거피팥고물 3컵, 소금 약간, 설탕 1큰술

속고물
거피팥고물 2컵, 백양금 200g, 꿀 2큰술, 계피 1작은술

쑥

거피팥

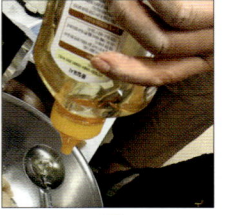
대추

꿀

만드는 법

1. 찹쌀은 6시간 불린 후 소금과 쑥 넣어 빻아 놓는다.
2. 속고물은 거피팥고물 2컵에 꿀과 계피가루 넣어 막대 모양으로 예쁘게 빚는다.
3. 찜기에 젖은 면포 깔고 설탕을 솔솔 뿌린 뒤 쌀가루를 주먹 쥐어 넣고 30분 찐다.
4. 찐 떡은 잘 치댄 후(펀칭기 사용) 꿀 발라 가며 펴고, 속고물을 넣고 말아 놓는다.
5. 대추꽃을 올리고 고물 묻혀 완성한다.

※ 속고물을 막대모양으로 하지 않고 공처럼 말아 하나씩 감싸기도 한다.

쌀가루와 쑥가루 | 찜기에 주먹쥐기로 담기 | 찐 떡 펀칭기로 치댐
속고물 만들기 | 속고물 길쭉하게 성형 | 친 떡에 속고물 넣고 둘둘말기
장식할 대추꽃 | 대추꽃 장식하기 | 거피고물에 묻히기

녹차 설기

재료
멥쌀가루 600g, 녹차가루 1큰술, 꿀 2큰술, 물 12큰술, 설탕 6큰술

속재료
거피녹두 100g, 설탕, 꿀 1큰술 씩, 소금 1/2작은술, 밤 3개

밤

녹차가루   거피녹두와 소금

만드는 법

1. 거피녹두는 5시간 이상 불려 껍질을 제거하고 찜기에 30분 정도 찐 다음 체에 내린다.
2. 멥쌀가루에 녹차가루, 꿀, 물을 넣고 가는체에 내려 설탕을 섞는다.
3. 거피녹두 100g에 잘게 썬 밤, 설탕, 꿀, 소금을 넣어 가볍게 뭉쳐 납작하게 속재료를 만든다.
4. 고물 1/2 → 설탕 뿌리기 → 쌀가루 1/2 → 속재료 → 쌀가루 1/2 → 설탕 뿌리기 → 고물 1/2 순으로 찜기에 안친다.
5. 김 오르면 15분 찌고 약불에서 5분 뜸들인다.

쌀가루에 녹차가루 / 체에 내리기 / 속재료 만들어 뭉침

찜기에 거피녹두고물 안침 / 쌀가루 1/2 안침 / 속재료 넣음

쌀가루 1/2 안침 / 칼금 내기 / 거피녹두고물 얹어 마무리

녹차 찹쌀말이

재료

찹쌀가루 1kg, 녹차가루 2큰술, 물 7큰술, 꿀 2큰술, 설탕 5큰술, 땅콩분태 50g, 호두 120g, 크랜베리 10g, 찹쌀가루 5큰술, 흑설탕 3큰술, 거피팥고물 400g

| 녹차가루 | 호두 | 크랜베리 | 땅콩분태 | 거피팥 |

만드는 법

1. 찹쌀을 깨끗이 씻어 5시간 이상 충분히 불려 체에 바친 후 소금을 넣어 빻는다.
2. 찹쌀가루 1kg 중에서 5큰술 따로 남긴다.
3. 찹쌀가루, 녹차가루 2큰술, 물 7큰술, 꿀 2큰술 굵은체에 내리고 설탕 5큰술 넣는다.
4. 호두는 물로 살짝 데친 후 잘게 썬다.
5. 잘게 썬 호두, 볶은 땅콩분태, 따로 남긴 찹쌀가루 5큰술(접착력 높임) 섞어준다.
6. 찜기에 쌀가루 → 속재료(호두, 땅콩 등) → 흑설탕 3큰술 뿌리고 20분 찐다.
7. 찐 떡은 쟁반에 꺼내서 4등분으로 자른다.
8. 떡을 돌돌 말아 거피팥고물을 무친다.
9. 떡을 랩으로 감싸 잘 굳힌 다음 썬다.

녹차가루 섞기 | 찜기에 쌀가루 안침 | 속재료 얹고 흑설탕 뿌림

고루 익히기 위해 숨구멍 내기 | 떡을 4등분한 후 둘둘말기 | 팥고물 묻히고 랩으로 감싸기

웃지지

재료 1
찹쌀가루 2컵, 끓는 물 4큰술, 팥앙금 1컵

재료 2
찹쌀가루 2컵, 쑥가루 1큰술, 끓는 물 4~5큰술

재료 3
찹쌀가루 2컵, 치자 우린 물 1큰술, 끓는 물 3큰술

진달래

쑥

치자 울린 물

팥앙금

만드는 법

1. 찹쌀가루를 끓는 물로 익반죽한 후 30분 정도 숙성시키고, 팥앙금은 직경 2cm 정도로 둥글게 빚는다(약 10g). ※ 시판 앙금에 삶은 팥 1:1로 섞어 사용해도 좋다.
2. 찹쌀반죽을 직경 5cm 크기로 빚어 팬에 지지면서 고명(꽃)을 얹는다.
3. 쟁반에 설탕을 뿌리고 소를 넣어 반접어 모양을 만든다.

※ 웃지지는 웃기떡의 방언

쌀가루 끓는 물로 익반죽	쌀가루에 치자 우린 물	쌀가루와 쑥가루 섞기
진달래 꽃 씻어 물기 제거	팥앙금 둥글게 빚음	팬에 기름두르고 반죽 올림
꽃으로 장식	지진 후 모양	팥앙금 넣고 만든 웃지지

쑥인절미

재료
찹쌀가루 1kg, 설탕 4큰술, 데친 쑥 250g, 꿀 4큰술, 콩고물 60g

쑥　　　　콩고물

만드는 법

1. 찹쌀을 깨끗이 씻어 5시간 이상 충분히 불려 체에 바친 후 소금을 넣어 빻는다.
2. 꿀 넣고 잘 섞은 후 설탕 넣는다.
3. 쑥은 깨끗이 씻어 끓는 물에 소금을 넣고 푹 데친 후 찬물에 깨끗이 씻어 물기를 짠 후 가위로 송송 썰어 다진다.
4. 찜기에 젖은 면포 깔고 설탕을 솔솔 뿌린 뒤 찹쌀가루를 주먹 쥐어 넣어 20분(맑은 색이 나면) 정도 찐 후 데친 쑥을 넣고 5분 더 찐다.
5. 다 쪄진 떡은 잘 치대어 기름바른 비닐(테프론시트)에 싸 놓는다.
6. 식으면 콩가루를 묻혀서 적당한 크기로 썰어 담는다.

※ 쑥찹쌀 1kg일 경우, 물 2큰술, 꿀 3큰술, 설탕 3큰술

| 쑥찹쌀가루 | 쑥찹쌀가루에 설탕 넣기 | 주먹쥐기로 찜기에 넣고 찌기 |
| 찐 떡을 펀칭기에 치댐 | 친 떡 적당한 크기로 자르기 | 콩고물에 묻히기 |

쑥버무리

쑥

재료
멥쌀가루 1kg, 쑥 300g, 설탕 8큰술, 소금 1큰술

만드는 법

1. 멥쌀은 5시간이상 불린 후 물기빼고 소금 넣어 방아에 빻아 놓는다.
2. 연한 쑥은 씻어서 물기를 빼 놓는다.
3. 멥쌀가루는 체에 한번 내려 놓는다.
4. 멥쌀가루에 설탕을 넣고 쑥을 넣어 훌훌 버무린다.
5. 젖은 면포 깔고 찜기에 20분 정도 찐다.

쑥 씻어 물기 뺌

쌀가루와 쑥 버무림

면포 깔고 쌀가루 살짝 안침

버무린 쑥과 쌀가루 안침

젓가락으로 찐 상태 확인

완성된 쑥버무리

쑥갠떡

재료
멥쌀가루 1kg(쑥 300g), 소금 1큰술, 설탕물 1½컵(끓는물 1¼컵, 설탕 2큰술)
참기름, 식용유, 소금 약간

쑥+쌀가루

떡도장

참기름+식용류

만드는 법

1. 쑥은 부드러운 것으로 소금 넣고 삶아 찬물에 헹궈 물기를 짠다.
2. 5시간 이상 불린 멥쌀의 물기를 빼고 데친 쑥을 넣어 가루를 빻는다.
3. 쌀가루에 끓는 설탕물을 넣어 익반죽 한다.
4. 반죽을 알맞은 크기로 떼어 손으로 빚거나 틀에 찍어 낸다.
5. 김이 오른 찜기에 20분 정도 찐다.
6. 참기름, 식용유, 소금을 섞어 바른다.

※ 쑥의 효능
《동의보감》에 의하면 '쑥은 독이 없고 모든 만성병을 다스리며, 특히 부인병에 좋고 자식을 낳게 한다.'고 기록되어 있다.

| 쌀가루에 끓은 설탕물 넣기 | 반죽하기 | 적당한 크기로 분할 |
| 떡도장 찍기 | 찜기에 넣고 찌기 | 찐 떡 기름 바르기 |

보리떡

보리믹스

완두배기

팥배기

호두

크랜베리

재료

믹스가루(보리떡용 쌀가루) 750g, 막걸리 430g, 물 230g
(팥배기, 완두배기, 호두분태, 건포도) 각각 300g, 크랜베리, 밤, 콩 등

만드는 법

1. 생막걸리를 중탕해 미지근하게 데운다.
2. 믹스가루 750g에 배기류 섞는다.
3. 물 1¼컵과 막걸리 2¼컵 넣어 가볍게 반죽한다.
4. 찜기에 종이나 면포 깔고 반죽을 70%정도 넣는다.
5. 센 불에 35~40분 찐다.

막걸리에 믹스, 배기류 섞기 / 찜기에 종이컵 담기 / 종이컵에 반죽 넣기

반죽 넣은 모양 / 반죽 위에 완두배기 얹기 / 완성된 보리떡 식힘

장미절편

재료

백설기, 멥쌀가루 400g, 물 6큰술, 백련초가루, 치자가루, 쑥가루, 춘설앙금(앙금을 약간 섞으면 꽃이 더 예쁘게 만들어진다)

※ 1큰술 = 15cc, 1컵 = 200cc = 200g

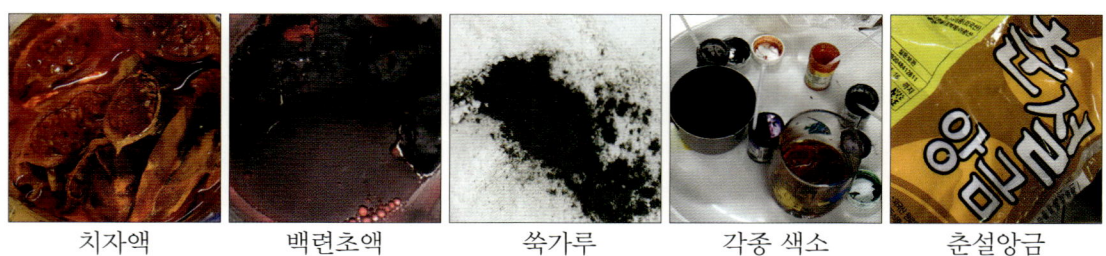

치자액　　백련초액　　쑥가루　　각종 색소　　춘설앙금

만드는 법

1. 멥쌀가루, 앙금, 물을 섞어 체 내리지 않고 15분 찐다.
   (멥쌀가루에 앙금없이 물 6큰술 넣어 버무려서 찜기에 15분 쪄도 된다.)
2. 찐 떡에 식용유 1작은술, 천연색소 적당량 넣어 치댄다.
3. 반죽이 단단해지면 끓는 물을 조금씩 축여 부드럽게 치대서 사용한다.
4. 꽃모양 만들어 식힌 백설기에 장식한다.

춘설앙금넣고 버무리기   버무린 쌀가루 찜기에 올리기   색소 넣고 밀대로 펴기

둥글게 절단   겹겹히 쌓기   젓가락으로 굴린다

굴린 후 꽃모양 내기   완성된 장미꽃   떡 위에 장식

당근 치즈 떡케이크

재료

멥쌀가루 800g, 당근 1개(당근즙 10~11큰술), 설탕 7큰술, 롤치즈 120g

토핑재료: 당근 모양 만들 쌀가루 100g, 설탕 1큰술

당근조림: 즙을 짜낸 당근에 설탕 3큰술, 물 2/3컵, 소금 약간 넣고 수분이 없어질 때까지 졸인다.

당근즙 치즈

만드는 법

1. 멥쌀을 깨끗이 씻어 5시간 이상 불린 다음 소쿠리에 건져 30분 정보 물기 빼고 소금 넣어 곱게 빻는다.
2. 당근즙을 넣어 손으로 잘 비벼 고운체에 친 후 100g을 덜어내고 → 설탕 넣고 고루 섞는다 → 롤치즈 넣는다.
3. ②의 쌀가루(치즈 빼고)에서 100g을 고운체 내린 후 설탕 섞는다.
4. 찜기에 무스링 얹고 ②의 쌀가루 안치고 스크래퍼로 표면을 고르게 한다.
5. 무스링를 상하좌우로 조금씩 움직여 쌀가루와 유격을 준다(유격을 주면 떡 찔 때 무스링에 떡이 묻어나지 않는다).
6. 김이 오른 찜기에 올려서 쌀가루 위로 김이 오르면 20분 찌고 5분간 뜸들인다(떡 찌고 15분 정도 지나면 무스링 제거).

쌀가루+당근즙 | 체 내리고 설탕 섞기 | 치즈 섞기

무스링 놓고 쌀가루 넣기 | 무스링 유격 주고 찐다 | 찐 떡 위에 당근 장식하여 완성

보리찰떡

재료

찰보리가루 300g, 찹쌀가루 800g, 물 14큰술, 꿀 2큰술, 설탕 6큰술
(거피팥고물 400g, 소금 2/3작은술, 설탕 2큰술)
※ 콩가루에 묻혀도 좋다.

찰보리가루

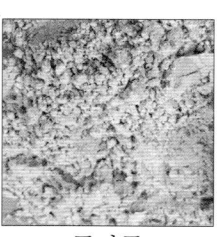
콩가루

만드는 법

1. 찰보리가루는 씻어 체에 받쳐 30분 정도 물기를 뺀다. 믹서에 곱게 갈아서 준비한다.
2. 찰보리가루, 물 12큰술, 꿀 2큰술, 소금 6g 넣고 섞는다.
3. ②와 찹쌀가루를 섞어 굵은체에 내리고 설탕 6큰술 섞는다.
4. 찜기에 젖은 면포 깔고, 설탕 솔솔 뿌리고 → ③의 쌀가루 주먹 쥐어 넣고 → 20분 찐다. 날가루가 보이지 않도록 충분히 익힌다.
5. 절구에 쏟아 소금물에 적셔 가며 방망이로 친다.
6. ⑤를 쏟아 식힌 후 먹기 좋게 자른다.
7. 쟁반에 팥고물(또는 콩고물)을 펼치고 고물을 무친다.

굵은체 내리기   주먹쥐어 찜기에 넣기   찐 떡

찐 떡은 펀칭기로 치댄다   친 떡을 넓게 펼침   적당한게 잘라 고물 묻힘

복분자 떡케이크

재료
멥쌀가루 700g, 복분자청 5큰술, 물 8~9큰술, 설탕 2큰술, 호두 50g, 블루베리잼

복분자청
생복분자 1kg, 설탕 300g 넣고 2일 후에 면포를 꼭 짠 다음 20분정도 끓인다(거품 제거).
냉동보관하고, 건더기는 소주에 설탕 약간 넣어 복분자주를 만든다.

복분자　　　복분자청　　　호두　　　호두+잼

만드는 법

1. 멥쌀을 깨끗이 씻어 5시간 이상 불린다(2번 물을 갈아준다). 소쿠리에 건져 30분 정도 물기를 빼고 소금을 넣고 곱게 빻는다.
2. 복분자청, 물을 넣어 손으로 잘 비벼 고운체에 친 후 설탕을 넣어 고루 섞는다.
3. 쌀가루 1/2을 찜기에 넣고, 칼금낸 뒤 속재료(호두와 잼 섞음)를 얹는다.
4. 나머지 쌀가루 1/2을 넣고 스크래프로 고르게 한다.
5. 칼금내고 흰쌀가루로 장식한다.
6. 김이 오른 찜기에 올려 쌀가루 위로 김이 오르면 20분 정도 찌고 5분간 뜸들인다.

※ 사각무스링을 이용해 네모난 떡케이크를 만들기도 한다.

쌀가루와 복분자청 섞기

고운체에 내리기

설탕 넣기

쌀가루 1/2 넣고 칼금 내기

호두와 잼 얹고 쌀가루 넣기

칼금 내고 흰쌀가루로 장식

오방구름떡

재료
찹쌀가루 800g, 물 5~8큰술, 서리태 1/2컵, 대추 10개, 호두 7개, 잣 2큰술, 검은깨고물 1컵

검은깨고물　　흰떡 찌기　　딸기가루떡 찌기　　단호박가루떡 찌기　　쑥가루떡 찌기

만드는 법

1. 찹쌀을 씻어 5시간 이상 충분히 불려 소금을 넣어 한번 빻는다.
2. 쌀가루를 4등분하여 흰가루, 쑥가루(2작은술), 단호박가루(2작은술), 딸기가루(1작은술)로 물주기해 굵은체에 한번 내린다.
3. 각각의 쌀가루에 설탕과 부재료를 골고루 섞어 놓는다.
4. 찜기에 젖은 면포 깔고 설탕 솔솔 뿌린 다음 쌀가루 주먹쥐어 얹고 25분간 찐다.
5. 쪄진 떡을 잘 치댄 후 깨고물을 살짝 묻혀 틀에 색색이 채운다.
6. 흰떡은 대추말이를 싸서 가운데 넣는다.
7. 중간중간 시럽을 살짝 뿌려 고물이 잘 접착되게 한다.
8. 반복한 후 급속 냉동하고 1시간 후 적당하게 자른다.

부재료 섞고 주먹쥐기로 찐다

흰떡에 대추넣어 돌돌 만다

나머지 색떡은 적당하게 자른다

구름틀에 비닐깔고 깻가루 뿌림

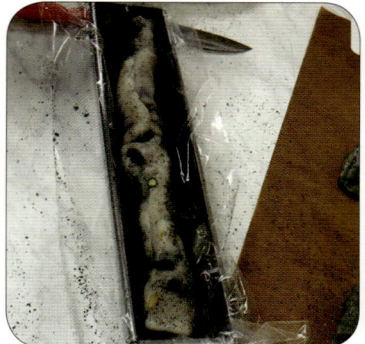
구름틀 가운데 흰떡 넣기

색떡으로 구름틀 채운다

적채 설기

재료

멥쌀가루 800g, 물 11큰술(적채 50g + 물 3큰술), 설탕 8큰술, 호두 30g, 서리태 70g, 흰강낭콩 70g, 대추 6개, 적채다짐 100g

적채   흰강낭콩   호두   대추

만드는 법

1. 멥쌀을 깨끗이 씻어 일어 5시간 이상 불려 건져 30분 정도 물기를 뺀다. 소금 간하여 물 내리지 않고 빻는다.
2. 적채는 깨끗이 씻어 물을 넣고 믹서에 갈아 즙을 낸다(50g).
3. 흰강낭콩, 서리태, 호두는 5분간 끓는 물에 데친다.
4. 나머지 적채와 대추는 콩알 크기로 다진다.
5. 쌀가루에 물을 넣어 고운체에 내린다.
6. ⑤에 설탕 8큰술과 소금 약간 넣고 고루 섞는다.
7. 찜기에 쌀가루를 안치고 20분 찌고 5분 뜸들인다.

쌀가루에 설탕 주기   적채와 각종 고물 섞음   손으로 골고루 섞음

찜기에 담기   찐 후 떡 모양   찐 떡을 뒤집어 놓은 모양

단호박 떡케이크

재료
멥쌀가루 800g, 찐호박 250g, 생단호박 200g, 설탕 8큰술
고명: 찹쌀가루 4큰술, 흑설탕 4큰술

채 썬 생단호박

찐 단호박

만드는 법

1. 멥쌀을 깨끗이 씻어 일어 5시간 이상 불려 건져 30분 정도 물기를 뺀다. 물 내리지 않고 소금 넣어 방앗간에서 빻아온다.
2. 단호박은 300g은 씨 제거하고 찜기에 엎어서 찐다.
3. 멥쌀가루에 찐 호박을 넣고 중간체에 두 번 내린 후 설탕 섞는다.
4. 생단호박은 채 썰어 소금, 설탕에 살짝 절여 물기 짠다.
5. 찹쌀가루와 흑설탕은 손으로 잘 비벼 곱게 섞는다.
6. 딤섬에 시루밑를 깔고 쌀가루를 고르게 편 다음 칼집 넣는다.
7. ⑥ 위에 단호박을 올리고 ⑤의 가루를 체에 담아 고루 뿌려준다.
8. 김이 오른 물솥에 올려서 가루 위로 김이 오르면, 뚜껑 덮어 20분 정도 찌고 5분 뜸들인다.

채 썬 단호박에 설탕, 소금 | 단호박 쌀가루 찜기에 담기 | 칼금 내기

채 썬 단호박 고명하기 | 흑설탕 뿌리기 | 20분 찌고 5분 뜸들인다

딸기 찹쌀떡

재료
찹쌀가루 1kg, 소금 1큰술, 물 4큰술, 설탕 1큰술,
밀가루 1/2작은술, 물엿 50g, 흰자 1/2, 옥수수전분,
팥앙금 600g, 딸기 30개, 딸기가루

팥앙금
수제앙금 1kg, 소금 2작은술, 계피가루 1작은술,
설탕1컵 넣어 졸임

딸기   팥앙금

씻은 딸기 물기 없애기

딸기에 팥앙금 감싸기

딸기가루 물에 녹임

만드는 법

1. 찹쌀가루에 물 4큰술 넣어 비비고 → 설탕 1큰술 넣고 고루 버무리고 → 면포 깔고 → 설탕 뿌리고 → 찹쌀가루 주먹쥐어 넣고 → 김오른 찜기에 20분 찐다.
2. ①에 밀가루 1/2작은술, 딸기가루 1작은술, 물엿, 달걀흰자 1/2개 넣어 펀칭기에 3~5분 정도 돌린다.
3. 팥앙금은 20g씩 분할해 딸기에 감싸서 30분 정도 냉동한다.
4. 비닐에 기름을 바르고, 펀칭한 찹쌀떡을 40g씩 분할한다.
5. 분할한 찹쌀떡에 ③을 넣고 전분을 무친다.

쌀가루에 딸기물 섞기　　찜기에 주먹쥐어 안치기　　펀칭한 떡 분할

냉동한 팥앙금 딸기 넣기　　전분에 묻히기　　딸기 대신 귤을 넣음

딸기 찹쌀떡 포장

딸기 설기

재료
멥쌀가루 800g, 딸기 200g, 설탕 7큰술, 딸기가루 1작은술, 호두 50g, 딸기쨈 2큰술, 장식용 딸기 5개

부재료(중간에 흰띠)
멥쌀 200g + 물 3큰술 + 설탕 2큰술

딸기장식
1. 물 1컵, 한천 3g, 불린 후 끓인다.
2. 설탕 2큰술 넣고, 2분 후 물엿 넣는다.
3. 식힌 후 딸기 코팅

딸기

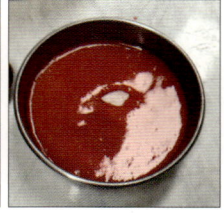
딸기즙+딸기가루

물엿

호두

만드는 법

1. 딸기는 깨끗이 씻어 믹서에 간다.
2. 쌀가루에 믹서로 갈은 딸기와 딸기가루를 넣어 고운체에 내린다.
3. 체에 내린 쌀가루에 설탕 6큰술을 넣어 고루 섞는다.
4. 찜기에 시루밑 깔고 딸기 쌀가루 → 다진호두+딸기쨈 → 흰쌀가루 → 딸기쌀가루 넣어 안친다.
5. 김 오른 후 20분 찌고 5분 뜸들인다.

쌀가루에 딸기즙(딸기가루) 섞음	찜기 딸기쌀가루 안침	호두와 딸기쨈으로 속재료 만듬
속재료 얹음	흰쌀가루 안침	딸기쌀가루 안침
칼금 넣기	딸기 한천물에 무침	장식용 딸기

두텁경단

거피팥 　 거피팥고물 　 속고물 　 두텁경단 단면

재료

찹쌀가루 1kg, 물 5큰술, 꿀 2큰술, 설탕 3큰술
고물: 거피팥고물 3컵
소: 거피팥고물 300g, 시판앙금 300g, 밤 5개, 호두 5개, 유자청 1큰술

만드는 법

1. 찹쌀을 씻어 5시간 이상 충분히 불려 소금을 넣어 한번 빻는다.
2. 거피팥은 6시간 이상 불려 씻어서 물기 빼고 30분 찌고, 소금 넣고 으깬 후 어레미에 내린다(거피팥 800g 불리면 1600g → 찜기에 져서 소금 1큰술 넣고 체에 내림).
3. 밤은 다진 후 물 5큰술, 설탕 1큰술에 살짝 조리고, 호두는 데치고 물기를 뺀다.
4. ③에 다진 호두와 소 재료를 넣어 잘 치대 12g씩 뭉쳐 놓는다.
5. 찹쌀가루에 물, 꿀을 넣어 체에 내리고 설탕 섞은 후 찜기에 주먹쥐어 넣고 25분 찐다.
6. 찐 떡은 펀칭기로 잘 치댄 후 기름 바른 테프론시트에 쏟아 약간 식힌 후 소분한다.
7. 소분한 떡에 속고물을 넣고 거피팥고물에 무친다.

속고물 둥글게 소분 쌀가루에 꿀 넣기 쌀가루 주먹쥐기로 찌기

찐 떡 펀칭 펀칭한 떡 속고물 넣기 거피팥고물 무치기

여름

차수수 부꾸미

재료
차수숫가루 2컵, 찹쌀가루 1컵, 소금 1작은술, 팥앙금 100g

장식
대추, 호박씨, 검정깨

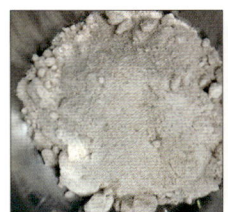
차수숫가루

팥

대추

만드는 법

1. 차수숫가루, 찹쌀가루, 소금을 넣고 가루에 익반죽한다(반죽은 귓볼 느낌 정도).
2. 팥소를 밤톨 정도(20g)의 분량으로 갸름하게 만들어 놓는다(계피가루, 거피팥가루, 꿀을 넣고 소를 만들어도 맛있다).
3. 익반죽한 것을 동글동글하게 납작하게 만들어 놓는다(50g).
4. 프라이팬에 기름을 두르고 떡을 지지는데, 한 면이 약간 익으면 얼른 뒤집어 가운데 칼금을 넣어 익힌 후 팥소를 넣고 반접어 익힌다.
5. 접시에 설탕을 뿌린 후 부꾸미를 얹고 고명을 장식한다.
6. 고명은 대추, 호박씨, 검정깨 등을 사용한다.

익반죽하기 | 반죽을 밤톨 크기로 만들기 | 계피, 팥, 꿀 넣고 소 만들기

납작하게 지지고 소 넣기 | 소 감싸고 고명 얹기 | 설탕 뿌리고 식힘

녹두메편

재료
멥쌀가루 600g, 찹쌀가루 100g, 물 8~9큰술, 설탕 7큰술, 밤 7개, 대추 7개, 녹두고물 3컵

대추　　　밤　　　거피녹두　　　녹두고물

만드는 법

1. 쌀은 깨끗이 씻어 6시간 불린 후 건져 30분 물기 뺀 후 소금 넣어 빻는다.
2. 5시간 이상 충분히 불린 거피녹두를 일어서 물기를 뺀다.
3. 찜기에 면포를 깔고 거피한 녹두를 안쳐 푹 무르게 찌고, 소금 넣고 절구로 빻아 어레미에 내려 녹두고물을 만든다(녹두고물 4컵에 소금 1/2큰술).
4. 밤은 껍질 벗겨 잘라놓고, 대추는 도려 씨를 빼놓는다.
5. 쌀가루에 물을 주고 체에 내린 다음 설탕을 섞어준다.
6. 찜기에 고물 → 설탕 뿌리기 → 쌀가루 → 밤, 대추 → 쌀가루 → 설탕 뿌리기 → 고물 순서로 올린다.
7. 가루 위로 김이 오르면 뚜껑 덮고, 20분 찌고 5분 뜸들인다.

녹두고물 안치기 · 쌀가루 안치기 · 밤, 대추 넣기

쌀가루 안치기 · 설탕 뿌리기 · 녹두고물 얹기

커피 설기

재료
멥쌀가루 800g, 우유 8큰술, 커피 3큰술, 설탕 8큰술, 아몬드가루 8큰술, 크랜베리
고명: 커피빈, 슈가파우더 1큰술, 코코아가루, 슬라이스 아몬드

| 커피 | 크랜베리 | 호두 | 슬라이스 아몬드 |

만드는 법

1. 멥쌀을 깨끗이 씻어 6시간 정도 불린다(여름에는 2번 물을 갈아준다). 소쿠리에 건져 30분 정도 물기를 빼고 소금을 넣고 곱게 빻는다.
2. 속고물로 아몬드와 크랜베리를 굵게 다진다(호두, 땅콩, 잣을 사용해도 좋다).
3. 우유를 중탕하여 커피를 넣어 녹인다.
4. 쌀가루에 ③을 넣어 고루 섞는다. 중간체에 한번 내려서 수분의 농도를 맞추고 한번 더 내린다.
5. ④에 설탕, 아몬드가루를 넣어 고루 섞는다.
6. 찜기에 시루밑 깔고 가루를 고루 편 후 칼집을 넣는다.
7. 쌀가루 위로 김이 골고루 오른 후 20분 정도 찌고 불을 줄여 5분 정도 뜸을 들인다.
8. 한 김 나간 후 쏟아 윗면에 아몬드, 코코아가루, 슈가파우더로 장식한다.

커피 중탕하여 섞기 | 설탕 넣기 | 쌀가루 1/2 넣고 속고물 넣는다

나머지 쌀가루 넣고 칼금 내기 | 슈가파우더 뿌려 완성 | 아몬드 얹어 만들어도 좋다

상추 시루떡

재료
멥쌀가루 700g, (소금 3⅓큰술), 물 7큰술, 설탕 7큰술, 상추 120g, 거피팥고물 3컵(소금 1작은술)(25cm 찜기)

상추　　　거피팥　　　거피팥 찌기　　　거피팥 체내리기

만드는 법

1. 멥쌀을 깨끗이 씻어 5시간 불리고 30분 정도 물기 빼서 빻는다(물 내리지 않음).
2. 쌀가루를 고루 비벼준 후 물을 넣어 체에 내린 후 설탕 섞고 둘로 나눈 다음 한쪽에는 송송썬 상추를 섞는다.
3. 찜기에 거피팥고물, 설탕 약간 뿌리고 → 쌀가루 → 상추 섞은 가루 → 쌀가루, 설탕 약간 → 거피팥고물 순으로 안친다.
4. 쌀가루 위로 김 오르면 뚜껑 덮고 20분 찌고 5분 뜸들인다.

※ 상추의 효능
근육과 뼈를 튼튼하게 하고 입속의 냄새 제거와 치아를 하얗게 하며 이뇨작용과 열독, 주독을 풀어준다.

| 상추와 쌀가루 섞기 | 찜기에 거피팥고물 | 설탕 솔솔 뿌리기 |
| 상추 섞은 쌀가루 넣기 | 거피팥고물 얹기 | 완성된 상추시루떡 |

망고 떡케이크

| 망고퓨레 | 망고주스 | 장식용 반죽 | 장식용 꽃 만들기 |

재료
멥쌀가루 700g, 망고퓨레 60g, 설탕 5큰술, 망고주스 5큰술, 아몬드가루 4큰술

속재료
호두분태 50g, 설탕 1큰술, 물엿 1큰술, 계피분 1/2작은술, 물 5큰술, 딸기잼 3큰술

만드는 법
1. 호두는 끓는 물에 데친 후 다지고 잼을 뺀 모든 재료를 넣고 졸이다가 잼 섞어준다.
2. 멥쌀가루 500g에 망고퓨레, 망고주스를 넣고 손으로 곱게 비벼 섞은 후 중간체에 내린다.
3. ②에 설탕 3큰술, 아몬드가루 3큰술 넣어 골고루 섞는다.
4. 멥쌀가루 200g에 물 2~3큰술 넣고 잘 비벼 중간체 내리고, 설탕 2큰술, 아몬드가루 1큰술 넣어 섞는다.
5. 찜기에 망고 섞은 ③ 쌀가루 1/2을 고르게 펴준 다음 → 속재료 넣고→ ④ 흰쌀가루 2컵을 고루 펴주고 → 나머지 쌀가루를 고르게 펴준다.
6. 20분 찌고 5분 뜸들인다.

속재료 졸이기 무스링 얹고 쌀가루 1/2 넣기 속재료 얹기

속재료 위에 쌀가루 1/2 넣기 장식용 꽃 찌기 찐 떡 위에 꽃으로 장식

콩 설기

재료

멥쌀가루 800g, 서리태 1컵, 설탕 8큰술, 물 10~11큰술
(청대콩, 강낭콩, 완두콩 등을 섞어도 좋다.)

서리태

만드는 법

1. 멥쌀을 깨끗이 씻어 5시간 불린 후 체에 건져 소금 넣고 빻는다.
2. 콩은 4시간정도 불려 소금을 약간 섞는다.
3. 쌀가루에 물을 주어 고운체에 내린다.
4. 찜기에 쌀가루와 콩을 고루 섞어 올리고 20분 찌고, 5분 뜸들인다.

쌀가루에 물 주기 / 쌀가루 고운체 내리기 / 설탕 넣기

콩 섞기 / 찜기에 담기 / 스크래퍼로 정리

칼금 넣기 / 콩으로 장식 / 완성된 떡

누룽지 서리태 버무리

재료
멥쌀가루 400g, 물 6큰술, 누룽지 150g, 황설탕 6큰술, 찐 옥수수 알 40g, 불린 서리태 50g, 병아리콩, 삶은 완두 또는 볶은 들깨 등을 뿌림

누룽지 　　　 잘게 부순 누룽지 　　　 옥수수 　　　 서리태

만드는 법

1. 멥쌀을 깨끗이 씻어 일어 5시간 이상 불려 건져 30분정도 물기를 뺀다. 소금 간은 하고 물은 내리지 않고 빻는다.
2. 누룽지는 손으로 잘게 부셔서 뜨거운 물 넣어 촉촉하게 5분정도 불린다.
3. 찐 옥수수 알알이 떼서 준비하고, 서리태는 설탕과 소금 넣고 살짝 익혀 놓는다.
4. 멥쌀가루에 물을 넣고 중간체에 2번 내린 후, 황설탕 넣고 불린 누룽지, 서리태, 옥수수 볶은 잡곡 등을 넣는다.
5. 찜기에 젖은 면포 깔고 설탕 뿌리고 안친다. 김 오른 후 20분 찌고 5분 뜸들인다.

쌀가루+황설탕 / 옥수수 섞기 / 누룽지 섞기

서리태 섞기 / 찜기에 담기 / 완두배기를 뿌리고 찐다

개피떡

| 천연색소 | 작은 종지와 떡 | 삶은 거피팥 빻기 | 팥에 꿀, 물, 소금 | 10g 씩 분할 |

재료
멥쌀가루 1kg, 소금 1큰술, 물 1~2컵, 쑥가루, 백년초가루, 치자가루

속재료(소)
거피팥 600g, 소금 1작은술, 설탕 4큰술, 꿀 1큰술, 계피가루 약간

만드는 법
1. 멥쌀가루 700g, 물 12큰술을 넣고 어레미에 내린다.
   (쑥: 쌀가루 300g, 쑥가루 1큰술, 물 9큰술)
2. 뜨거울 때 방망이로 꽈리가 일도록 많이 친다.
   (이때 천연가루를 넣어 치댄다. 천연가루를 찌면 색이 변함)
   떡을 치댈 때 포도씨 기름 넣고, 소금물을 적셔가며 친다.
3. 거피팥이 질면 살짝 볶아서 분량의 재료를 넣어 소(10g)를 만든다.
4. 충분히 치댄 떡반죽을 밀대로 밀어 팥소를 하나씩 놓고 떡자락으로 덮어 작은 종지로 눌러 반달 모양으로 찍어낸 뒤 참기름을 바른다.

쌀가루+쑥가루 | 어레미에 내리고 찜기 넣고 찜 | 소를 만들어 분할한다

찐 떡은 펀칭하고 밀대로 편다 | 색 입힌 떡 줄모양 | 소를 넣고 작은 종지로 찍는다

둥글레 영양찰편

재료
찹쌀가루 1kg, 소금 1큰술, 물 10큰술, 설탕 6큰술, 꿀 2큰술

부재료
대추 10개, 병아리콩 100g, 호두 30g, 호박고지 30g, 서리태 1/2컵, 생땅콩 1/2컵

약재: 둥글레가루 30g + 뜨거운 물 10큰술 넣어 개어 놓는다.

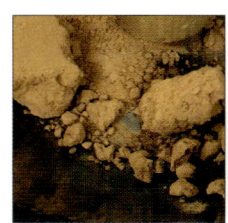    

둥글레가루   호박고지   각종 부재료   찐 떡 식힘   포장

만드는 법

1. 찹쌀은 깨끗이 씻어 8시간 정도 불린 다음 물기를 빼고 소금을 넣고 빻는다(2번 물 갈아주기).
2. 약재와 쌀가루 섞고 다시, 물과 꿀을 섞어 굵은체에 내린다.
3. 서리태와 병아리콩은 물에 불려 소금 약간 넣고, 호박고지는 따뜻한 물에 씻어 2cm 길이로 썰고 흑설탕 1큰술에 버무린다.
4. 생땅콩은 15분 정도 삶고, 호두를 넣어 끓으면 건진다.
5. ② 쌀가루에 설탕, 서리태, 생땅콩, 호두, 호박고지, 병아리콩, 대추를 섞는다.
6. 찜기에 면포 깔고 → 설탕 솔솔 뿌리고 → 쌀 주먹쥐어 넣고 → 김 오르고 20분 찐다.
7. 찐 떡을 구름틀에 비닐 깔고 담는다.
8. 냉동보관 후 굳으면 썬다.

쌀가루에 꿀과 약재 넣기 | 잘 섞어 굵은체에 내림 | 각종 부재료 넣기

부재료 섞고 설탕 넣기 | 주먹쥐어 찌기 | 찐 떡은 적당하게 손으로 치댄다

포도 설기

재료
멥쌀가루 800g, 포도즙 10큰술, 물 4~5큰술, 설탕 8큰술, 피칸 40g, 블루베리 40g

포도즙 만들기
1. 포도를 깨끗이 씻어 알알이 떼어 냄비에 넣고 중불로 30분 정도 끓인다.
2. 끓일 때 포도알을 주걱으로 눌러주거나 뚜껑을 살짝 덮어주면 좋다.
3. 다 끓은 후 뜨거울 때 고운체에 바쳐 포도즙을 내린다.
4. 저장할 때는 설탕(포도즙 양의 50%)을 조금씩 넣어 끓이다가 레몬즙을 넣는다.

블루베리

포도

포도즙

피칸

만드는 법

1. 멥쌀을 깨끗이 씻어 5시간 이상 불린다(2번 물을 갈아준다). 소쿠리에 건져 30분 정도 물기를 빼고 소금을 넣고 곱게 빻는다(멥쌀 1kg에 소금 1큰술).
2. 포도즙, 물을 넣어 손으로 잘 비벼 중간체에 내린 후 설탕과 (피칸)블루베리 넣어 고루 섞는다.
3. 먼저 쌀가루 절반을 찜기에 채운 후, 잘게 썬 피칸을 얇게 켜로 깐다.
4. 찜기에 나머지 쌀가루를 붓고 표면을 고르게 한다.
5. 김이 오른 물솥에 찜기를 올리고 쌀가루 위로 김이 오르면 20분 정도 찐다.
6. 약한 불에 5분간 뜸을 들인다.

포도 끓이기   끓인 포도 체 내리기   포도즙 찬물에 식히기

멥쌀가루+포도즙   피칸 깔기   찐 포도설기

포도무스 떡케이크

재료
멥쌀가루 600g, 포도즙 8큰술, 물 4큰술, 설탕 6큰술, 피칸 50g

무스 재료
한천 6g, 물 1.5컵, 설탕 60g, 포도즙 100cc, 물엿 1큰술

블루베리   포도   포도즙   피칸   한천가루

만드는 법

1. 멥쌀을 깨끗이 씻어 5시간 이상 불린다(2번 물을 갈아준다). 소쿠리에 건져 30분 정도 물기를 빼고 소금을 넣고 곱게 빻는다.
2. 포도즙, 물을 넣어 손으로 잘 비벼 고운체에 2~3회 내린 후 설탕을 넣어 고루 섞는다.
3. 쌀가루 1/2을 무스틀에 채운 후 잘게 썬 피칸을 얇게 켜로 깐다.
4. 나머지 쌀가루 1/2을 채우고 표면을 고르게 한다(스크래퍼 사용).
5. 김이 오른 물솥에 올려서 쌀가루 위로 김이 오르면 20분 정도 찐다(찌기 시작해 10분 정도 지나면 무스틀을 제거하고 10분 더 찐다).
6. 5분간 약한 불에 뜸을 들이고, 찐 떡은 식힌 후 무스띠를 두른다(떡을 식힐 때는 마르지 않게 젖은 면포 씌움).
7. 한천에 물을 부어 미리 불린 후 강불에서 녹인다.
8. 한천이 완전히 녹으면 설탕을 넣어 끓인다.
9. 포도즙을 넣고 끓이다가 거품이 많이 나면 불을 줄이고 물엿을 넣어 저어 준다.
10. 농도가 걸쭉해지면 불을 끄고 식히다가 ⑤의 떡에 붓는다.

※ 무스 완성 확인: 찬물에 떨어뜨려 올챙이 모양으로 덩어리가 되면 완성

| 사각무스틀에 쌀 1/2 채우기 | 잘게 썬 피칸 올리기 | 남은 쌀 채우고 칼금내기 |
| 무스 만들기 | 무스에 떡 얹기 | 꽃 모양내어 완성 |

고구마 떡케이크

재료
멥쌀가루 600g, 찐고구마 150g, 거피팥고물 1컵, 설탕 6큰술

부재료
고구마 200g, 설탕 1큰술, 크랜베리 50g, 소금 약간

고구마

크랜베리

거피팥

거피팥고물

만드는 법

1. 멥쌀을 깨끗이 씻어 일어 5시간 이상 불려 건져 30분 정도 물기를 뺀다. 소금간을 하여 물 내리지 않고 빻는다.
2. 고구마는 껍질을 벗겨 2등분하여 찜기에 찐 후 식힌다.
3. 쌀가루를 중간체에 내려 물과 찐고구마를 섞어 고운체에 내린다(쌀가루 1컵 남겨 고명과 혼합).
4. 부재료의 고구마 200g을 잘게 썰고, 설탕과 소금을 섞어 놓는다(고구마 일부는 따로 두었다가 건포도와 함께 장식용으로 쓴다).
5. ③에 설탕과 거피팥고물 섞는다.
6. 찜기에 시루밑을 깔고, 찜기 안쪽에 식용유를 살짝 바른다. 찜기에 쌀가루 반을 넣고 → ④의 고구마 → 나머지 쌀가루 순으로 안친다.
7. 고구마, 크랜베리를 이용해 상단을 장식한 뒤 김오른 물솥에 올린다.
8. 쌀가루 위로 김이 오르면 뚜껑을 덮어 20분 정도 찐 후 5분 정도 약한 불에 뜸을 들인다.

찐고구마와 쌀가루 섞기 | 쌀가루 찜기에 넣기 | 쌀가루 중간에 고구마 넣기

거피팥과 소금 | 고구마와 크랜베리로 고명 | 꽃장식한 케익

마 설기

재료
멥쌀가루 800g, 마 400g(200g은 분쇄, 200g은 깍둑썰기), 설탕 8큰술, 크랜베리 30g

부재료
호두잼: 다진 호두 50g, 흑설탕 1큰술, 계피가루 약간, 물 1큰술, 소금 약간

마 　　　 호두 　　　 건포도

만드는 법

1. 쌀을 씻어 5시간 이상 불린 후 30분 정도 물기를 빼서 소금을 넣고 빻는다.
2. 호두는 0.3cm 정도로 다지고 흑설탕, 계피가루, 물, 소금 약간을 넣고 3분 정도 조려서 호두잼을 만든다.
3. 쌀가루에 마(200g)를 갈아서 섞어 중간체에 내린 후 설탕을 고루 섞는다.
4. 나머지 마(200g)를 1cm 깍뚝썰기를 해서 다진 크랜베리와 쌀가루 1컵에 버무려 둔다.
5. 찜기에 시루밑 놓고 ③의 쌀가루 반을 채워넣는다.
6. ⑤에서 분할판을 이용해 8등분 표시를 넣고 호두잼을 얹는다.
7. 찜기에 남은 쌀가루 반을 채운다.
8. ⑥과 동일하게 8등분 표시하고 칼금을 낸 뒤을 넣고, ④의 마를 올린다.
9. 김오른 찜기에 20분 찐 후 5분간 뜸을 들인다.

※ 칼금 표시를 아래 위 2번 해야 하므로, 첫 번째 8등분 표시를 할 때 분할판 위치를 잘 기억해 두었다가 두 번째 8등분 표시도 첫 번째와 동일하게 해야 한다.

갈은 마   깍뚝 썬 마   호두와 흑설탕

고명 섞기   속고물 넣기   고명 얹어 찌기

두텁메편

재료
멥쌀가루 700g, 황설탕 7큰술, 간장 2큰술,
물 9큰술, 유자청 1큰술

잣　　계피가루

거피팥　　밤　　대추　　유자청　　호두

고물
거피팥 500g, 간장 1큰술, 설탕 3큰술, 계피가루 1작은술

속고물
밤 4개, 대추 3개, 호두 5개, 잣 1큰술

만드는 법

1. 쌀가루에 소금 넣지 않고 빻는다(두텁떡은 소금없이 간장으로 간하는 떡이다).
2. 거피팥 5시간 푹 찐 후, 콩콩 빻아 체에 내린다.
3. 체에 내린 거피팥고물에 간장, 설탕, 계피가루를 넣어 보슬하게 덖는다.
4. 속고물로 대추, 호두, 밤 등을 콩알 크기로 만들어 놓는다.
5. 멥쌀가루에 유자청, 간장, 물 섞고 중간체에 내린 다음 황설탕 7큰술 넣는다.
6. 찜기에 고물 → 설탕 → 쌀가루 → 속고물 → 쌀가루 → 설탕 → 고물 순으로 올린다(설탕은 1큰술정도 솔솔 뿌린다).
7. 쌀가루 위로 김 오르고 20분 찌고 5분 뜸들인다.
8. 잣, 대추, 아몬드 등으로 장식한다.

| 거피팥 볶기 | 속고물 | 고물깔기 |
| 속고물 넣기 | 찜기에 올린 모양 | 아몬드, 대추, 잣으로 장식 |

자색고구마 영양찰떡

재료

찹쌀가루 1kg, 찐 자색고구마 200g, 소금 1큰술, 설탕 10큰술, 서리태 50g, 땅콩 50g, 잣 1큰술, 대추 10개, 밤 10개, 호두 30g

잣　　밤　　대추　　삶은 콩　　서리태

자색고구마　　찐 자색고구마　　호두　　스텐 구름떡틀

만드는 법

1. 찹쌀을 깨끗이 씻어 5시간 불리고, 물기 빼고 소금 넣어 빻는다.
2. 서리태는 불려 소금 살짝 섞어주고, 밤은 껍질을 깐다.
3. 대추는 잘 닦아 돌려깎기해서 씨를 제거하여 돌돌 말고, 잣은 고깔을 떼어 놓는다.
4. 호두는 끓는 물에 데친 뒤 수분을 빼고, 생땅콩은 10분간 삶고 속껍질은 벗기지 않는다.
5. 쌀가루에 찐 자색고구마를 넣어 골고루 비빈 후 굵은체에 내린다.
6. 체에 내린 쌀가루에 설탕을 넣고 땅콩, 서리태, 잣, 호두를 섞는다.
7. 찜기에 젖은 면포 깔고 위에 약간의 설탕을 뿌린다(떡이 붙지 않도록 면포에 설탕 뿌림).
8. 곡물을 섞은 쌀가루는 주먹으로 쥐어 찜기에 차곡차곡 넣는다(찜기 내부에 김이 골고루 오르게 하기 위해서 덩어리 형태로 넣는 것이다).
9. 쌀가루를 넣은 다음 면포로 덮어주고, 찜기 가장자리에 밤을 넣는다.
10. 김이 오르고 25분 찌고, 5분간 뜸들인다.
11. 식용유를 약간 바른 비닐(테프론시트)을 깔고, 찐떡을 쏟아 잘 치댄다.
12. 떡을 굳칠 사각틀(스텐 구름떡틀)에 비닐을 깔고, 떡(1/2) → 대추와 찐 밤 → 떡(1/2) 순으로 넣고 꼭꼭 눌러준다.
13. 틀에 넣은 떡을 냉동실에 보관했다가 굳으면 썰어서 낱개 포장한다.

쌀가루 주먹 쥐어 넣기

밤 넣은 모양

찐떡은 부어 잘 치댄다

떡 1/2 위에 밤과 대추 넣기

남은 떡 1/2 넣고 비닐로 감싼다

굳힌 떡을 적당하게 썬 모양

호박말이 찰편

찐 단호박 | 팥배기, 완두배기 | 거피팥

재료

찹쌀가루 1kg, 찐 단호박 200g, (소금 1큰술), 설탕 7~10큰술, 거피팥고물 2컵, 소금 1/2작은술, 완두배기 50g, 팥배기 50g

만드는 법

1. 찹쌀을 깨끗이 씻어 5시간 불리고, 물기 빼고 소금 넣어 빻는다.
2. 찹쌀가루에 찐 단호박을 넣고 비벼 굵은체에 내린다.
3. 체에 내린 쌀가루에 설탕을 넣는다.
4. 찜기에 면포를 깔고 설탕을 솔솔 뿌린다(설탕을 뿌리면 면포에서 떡이 잘 떨어짐).
5. 쌀가루를 주먹쥐기하여 얹고 김 오른 찜기에서 25분 찐다.
6. 찐 떡은 기름 바른 테프론시트에 쏟아 적당한 크기로 나누어 치대준다.
7. 떡을 납작하게 펴주고 팥배기, 완두배기를 넣고 거피팥고물 솔솔 뿌려 돌돌 말고, 거피팥고물을 묻혀서 마무리 한다.
8. 비닐랩으로 감싸 냉동 보관하였다가 떡이 굳으면 썬다.

찐 호박 섞어 체 내리기 | 설탕넣기 | 주먹쥐기로 찜기에 넣기

찐떡에 고명넣기 | 거피팥고물 묻혀 돌돌 말기 | 비닐랩으로 감싸기

무 시루떡

재료
멥쌀가루 600g, 물 4큰술, 설탕 5큰술, 무 300g, 붉은 팥 250g, 소금 2/3 작은술, 물 5~6컵

무   팥   팥고물

만드는 법

1. 멥쌀을 씻어 5시간 이상 불린 후 30분 정도 물기를 빼서 소금을 넣고 빻는다.
2. 무는 채 썰어 설탕 1큰술, 소금 1작은 넣어 15분 정도 살짝 절인다. 그리고 키친타올에 올려 가볍게 수분을 제거한다.
3. 무는 수분이 많으므로 쌀가루에 물의 양을 다른 떡보다 적게 넣어 체에 내린다.
4. 쌀가루에 설탕을 섞고 무를 넣어 고루 섞는다.
5. 찜기에 팥고물 1/3정도 → 무와 섞은 쌀가루 → 팥고물 2/3정도 순으로 넣는다.
6. 김 오르고 20분 찌고 5분 뜸들인다.

무 체에 받히기 | 무 수분 제거 | 무, 쌀가루 섞기

찜기에 1차 팥 깔기 | 무와 섞은 쌀가루 넣기 | 찜기에 2차 팥 깔기

연잎 찰밥

| 은행 | 밤 | 대추 | 검정콩 | 버섯 |

| 연잎 | 연자 | 잣 | 다시마물 |

양념
청주 2큰술,
설탕 2큰술,
다시마물 5큰술,
천일염 1큰술

재료

찹쌀 1kg, 검정콩 1/2컵, 강낭콩 1/2컵, 수삼 1개, 새송이버섯 2개, 생표고버섯 4장, 밤 5개, 은행 30알, 잣 1큰술, 연잎 4장

만드는 법

1. 찹쌀을 씻어 6시간 이상 불려 소쿠리에 건져 물기 뺀 후 찜기에 면포를 깔고 30분 찐 후 밤, 콩 얹어 10분 찐다.
2. 밤은 납작 썰고, 대추는 4등분 한다.
3. 표고, 송이는 편 썰어 데치고, 은행은 볶아 놓는다(은행 껍질은 볶으면서 주걱으로 벗기는데 마지막에 물엿을 조금 넣으면 껍질 벗기기 쉽다).
4. 팬을 달구어 기름을 두르고, 물기 꼭 짠 버섯을 볶다가 소금 약간 넣는다.
5. 찐 찰밥을 양푼에 쏟아 양념과 잘 버무린다.
6. 적당히 자른 연잎을 깔고 ⑤의 찰밥을 얹는다.
7. ⑥ 위에 은행, 잣, 새송이버섯, 표고버섯, 수삼을 얹고 연잎으로 감싸서 김오른 찜기에 25분 찐다.

은행 볶으면서 껍질 벗기기 | 고명 재료 | 밥하기

연잎에 밥 올리기 | 연잎에 싼 밥 찌기 | 완성된 연잎찰밥

가을

오색 송편

재료
멥쌀가루 800g, 소금 1큰술, 물 2컵, 흑임자(검은깨) 가루 2큰술, 포도 1송이, 쑥 가루 1작은술, 단호박 1/4개, 솔잎 300g

속재료
밤 10개, 참깨 1/2컵, 청태공 1컵 등

흑임자 가루

밤

쑥 가루

단호박

참깨

만드는 법

1. 멥쌀가루를 200g씩 4등분하여 색을 내고 가는체에 내린 후 익반죽 한다.
2. 포도는 냄비에 물 없이 졸인 후 체에 받혀 놓는다(포도즙 만들기).
3. 단호박은 찐 다음 껍질 제거하고 쌀가루와 섞어 체에 내려 놓는다(쌀가루:호박 = 6:1).
4. 쑥가루는 물에 촉촉하게 개어 놓는다.
5. 각각의 색을 들여 익반죽한 후 잘 치댄다.
6. 참깨는 빻은 후 꿀, 소금 약간 넣어 개어 놓는다.
7. 밤은 삶아서 굵게 다진 다음 꿀, 소금 약간 넣어 준다.
8. 청태콩은 삶아서 소금과 설탕을 조금 넣고 조린다.
9. 소를 넣고 떡을 빚은 후 김 오른 찜기에 솔잎을 깔고 20~25분 찐다.
10. 여러 색 반죽으로 작은 꽃을 만들어 장식하면 꽃송편이 된다.
11. 참기름:식용유는 1:1 비율로 하고, 소금 약간 섞어 기름장 만들어 비닐장갑으로 찐 송편에 바른다.

※ 송편 색: 흰색(쌀가루만), 노란색(단호박), 보라색(포도), 녹색(쑥), 분홍색(딸기)

| 속재료 만들기 | 익반죽 하기 | 반죽 후 굳지 않도록 비닐 감쌈 |
| 속재료 넣고 모양내기 | 송편 찌기 | 찐 송편 기름 바른 후 |

두텁떡

재료
찹쌀가루 500g, 진간장 1½큰술, 설탕 5큰술, 물 2큰술

속재료
볶은 거피팥고물 1컵, 밤 3개, 대추 6개, 설탕에 절인 유자 ⅛개분, 유자청 1큰술, 꿀 1큰술, 잣 1큰술, 계피가루 1/4작은술

볶은 거피팥고물
볶은 팥고물 11컵, 진간장 3큰술, 설탕 6큰술, 계피 1/2작은술, 후추

체에 내린 거피팥

약한 불에서 볶음

보슬보슬하게 볶은 후

설탕에 절인 유자

대추

밤

잣

거피팥

만드는 법

1. 찹쌀을 씻어 5시간 이상 충분히 불려 건져 30분 정도 물기를 빼고 가루로 곱게 빻는다(소금은 넣지 않고 빻는다. 두텁떡은 소금 대신 쌀가루에 직접 간장으로 간함).
2. 찹쌀가루에 진간장 넣어 골고루 섞어 체에 내려 설탕을 섞는다.
3. 거피팥은 충분히 불려서 씻고 일어 물기를 뺀 후, 찜기에 면포를 깔고 푹 무르게 찐다.
4. 익은 거피팥을 큰그릇에 쏟아서 절구로 찧어 어레미(굵은체)에 내린다.
5. 어레미에 내린 거피팥에 간장, 설탕, 계피가루, 후추가루를 넣어 골고루 섞은 후 프라이팬에 보슬보슬하게 볶아 식혀 어레미에 다시 내린다.
6. 어레미에 내리고 남은 거피팥 무거리는 속재료에 사용한다.
7. 속재료용 밤, 대추는 잘게 다지고, 유자는 곱게 다지고, 잣은 고깔을 뗀다. 모든 속재료를 섞고 반죽하여 직경 2㎝ 크기로 둥글납작하게 빚는다.

반죽하여 속재료 준비   쌀가루에 간장 넣기   쌀가루 체에 내림

체에 내린 쌀가루에 설탕 섞음   찜기에 면포를 깔고 거피팥고물 넉넉히 깔기   거피팥고물 위에 쌀가루를 한 숟가락씩 놓음

8. 찜기에 젖은 면포를 깔고 거피팥고물을 넉넉히 편다.
9. 쌀가루를 한수저씩 놓고 속재료를 하나씩 얹는다.
10. 속재료 위에 다시 쌀가루로 덮고 거피팥고물로 위를 덮는다(충분히 쌀가루가 가려지게 덮는다).
11. 가루 위로 김이 오르면 뚜껑을 덮어 20분 정도 찐다.
12. 팥고물을 그대로 두고 쪄진 두텁떡만 꺼내어 식힌 후 낱개 포장한다.
13. 거피팥고물은 버리지 말고 재사용한다. 즉 ⑧부터 다시 반복하여 떡을 만들면 된다.

※ 두텁떡은 팥고물에 위에 쌀가루를 얹어 간접적으로 찌는 떡이다.

속재료 넣고 쌀가루로 덮음 / 쌀가루로 덮은 모양 / 쌀가루 위에 거피팥고물 덮기

찐 두텁떡을 부서지지 않도록 주걱으로 꺼내기 / 두텁떡 식힘 / 두텁떡 자른 단면

모듬 찰떡

재료
찹쌀가루 1kg, 물 6큰술, 설탕 6큰술, 흑설탕 4큰술, 밤 8개, 대추 8개,
호박고지 40g, 검은콩 1/2컵, 땅콩 1/4컵

밤　　　검은콩　　　호박고지　　　대추　　　팥

만드는 법

1. 찹쌀을 5시간 이상 충분히 불려 물기를 빼고 소금을 넣어 빻는다.
2. 검은콩은 6시간 이상 물에 불려 놓는다.
3. 호박고지는 미지근한 물에 씻어 2cm 길이로 썰고 흑설탕 1큰술에 버무려 놓는다.
4. 붉은팥은 씻어서 물을 넉넉히 붓고 끓인다. 물이 끓어오르면 첫 물은 버리고 다시 물을 넉넉히(팥 3배 분량) 부어 팥이 무르도록 삶는다.
5. 밤은 껍질을 벗겨 6등분하고 대추는 씨를 발라내고 4등분 한다.
6. 쌀가루에 물, 설탕을 고루 섞어 굵은체로 한 번 내린다.
7. 찜기에 젖은 면포를 깔고 밤, 대추, 호박, 서리태, 팥을 섞어서 넣은 뒤, 흑설탕 4큰술을 골고루 뿌린다.
8. ⑦ 위에 쌀가루를 주먹쥐어 올린다.
9. 김이 오른 후 30분 정도 찐다. 투명하게 익으면 5분 정도 뜸을 들인다.
10. 네모난 틀에 식용유 바른 비닐을 깔고 떡을 쏟아 모양을 만들어 굳혀서 썬다(틀이 없으면 기름 바른 비닐 위에 쏟아 사각으로 만들어도 된다).

호박고지에 설탕 버무리기

면포에 각종 고명을 먼저 넣음

각종 고물 위에 흑설탕 뿌림

쌀가루에 속재료 섞기

쌀가루를 주먹쥐기로 넣음

찐 후 모양

구름떡

재료
찹쌀가루 1kg, 물 8큰술, 설탕 9큰술, 밤 5개, 대추 7개, 잣 2큰술, 호두 7개, 팥앙금 150g

팥앙금 만들기

밤 　 대추 　 호두 　 잣 　 팥앙금

만드는 법

1. 찹쌀을 씻어 5시간 이상 충분히 불려 소금을 넣어 빻는다.
2. 밤은 껍질 벗겨 8등분하고 씨를 뺀 대추는 6등분한다.
3. 잣은 고깔을 떼고 호두는 데쳐서 잘게 썬다.
4. 쌀가루에 분량의 물을 주어 굵은체에 내린 후 밤, 대추, 잣, 호두, 설탕을 섞는다.
5. 찜기에 젖은 면포 깔고 설탕을 약간 뿌린 다음 쌀가루를 주먹쥐어 넣고 25분 찐다.
6. 쟁반에 계피가루 섞은 팥앙금을 얇게 펴고 찐 떡을 펼치고 팥앙금가루를 뿌린다.
7. 사각 구름틀에 기름을 약간 바른 비닐을 깐다.
8. 스크래퍼로 자르면서 고물을 묻혀 비닐을 깐 틀에 차곡차곡 넣는다.
9. 시럽을 고물에 살짝 뿌려 접착을 준다.
10. ⑧을 반복한 후 꾹꾹 눌러 급속 냉동하고, 1시간 후에 자른다.

쌀가루와 속재료 섞기 | 찜기에 주먹쥐기로 찌기 | 찐 떡

찐 떡을 분할하여 고물무침 | 구름틀에 차곡차곡 넣기 | 구름틀에서 굳혀 꺼냄

약식

재료
찹쌀 1kg, 흑설탕 1¾컵, 밤 10개, 대추 10개, 잣 2큰술, 간장 3큰술, 참기름 4큰술, 계피가루 1큰술

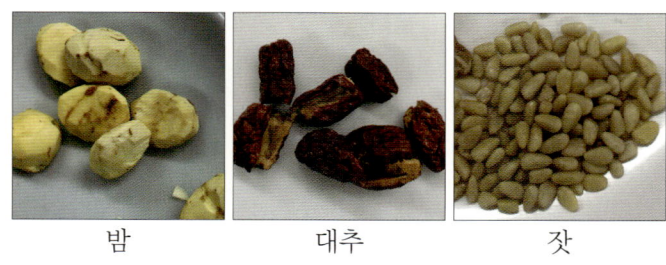

밤　　　　대추　　　　잣

만드는 법

1. 찹쌀은 4시간 정도 불린 후 찜기에 면포 깔고 김 오른 후 40분 찐다.
2. 30분 정도 지난 후 간수(물 1컵+소금 1작은술)를 섞어준다.
3. 간수 넣을 때 밤을 넣어 10분 더 찐다.
4. 처음 찐 밥을 양푼에 담고 설탕, 간장, 계피가루, 대추, 참기름을 섞어 1시간 정도 휴지시킨다(골고루 색이나고 간이 배임).
5. 양념을 버무린 밥을 찜기에 다시 면포 깔고 두 번째(20분) 찐다.
6. 완성된 약밥을 그릇에 담고 잣을 올린다.

쌀씻어 찜기에 안치기 | 밥하기 | 중간에 간수 넣기
양념장 만들기 | 양념장 버무림 | 2차 밥한 후 버무리기

대추 약편

재료
멥쌀가루 800g, 소금 2작은술, 대추고 1컵, 막걸리 6큰술, 설탕 6큰술

대추고
재료: 대추 300g, 물 10컵, 설탕 100g, 꿀 1큰술

1. 대추를 깨끗이 씻어 물을 붓고 1시간 정도 곤다.
2. 식은 후 대추를 주물러 씨와 껍질을 걸러낸다.
3. 다시 냄비에 거른 앙금과 설탕 넣고 졸인다.
4. 되직하게 졸여졌으면 꿀 넣고 마무리한다(냉동 보관).

대추고   막걸리

만드는 법

1. 멥쌀을 깨끗이 씻어 일어서 8시간 정도 불린 후 물기를 빼서 소금 넣고 고운 가루로 빻아서 체에 내린다.
2. 멥쌀가루에 대추고, 막걸리를 넣어 체에 내린다. 설탕은 찜기에 안치기 전에 섞는다.
3. 찜기에 기름 바르고 → 시루밑 깔고 → ②의 쌀가루 넣고 → 칼금 낸다.
4. 쌀가루 넣은 찜기 위로 김이 오르면 20분 정도 찌고, 5분간 뜸을 들인다.
5. 고명용으로 대추를 씨 빼고 돌려 깎아서 방망이로 민 후 돌돌 말아 얇게 썰어 장식한다.

쌀가루에 대추고 붓기	대추고 섞기	막걸리 붓기
체에 내리기	찜기에 안치기	칼금 넣은 모양
찐 후	장식할 대추꽃 만들기	장식하기

대추 찰단자

재료
찹쌀가루 1kg, 대추 150g, 설탕 4큰술, 물 5큰술, 꿀 2큰술

고물재료
거피팥고물 3컵

잘게 분쇄한 대추

거피팥과 소금

고물에 무친 대추 찰단자

만드는 법

1. 찹쌀을 씻어 5시간 이상 충분히 불려 소금을 넣어 빻는다.
2. 대추는 씨를 빼고 굵게 잘라 분쇄기에 곱게 가루를 만든다.
3. 찹쌀가루에 물 주어 어레미에 내린다.
4. 찹쌀가루에 다진 대추와 설탕을 고루 섞는다.
5. 찜기에 젖은 면포를 깔고 찹쌀가루를 주먹쥐어 안친다.
6. 쪄 낸 떡을 절구에 꽈리가 일도록 찧는다(펀칭기 이용하면 편리하다).
7. 도마에 기름 바르고 떡을 1cm 두께로 편 뒤 식힌다.
8. 떡에 꿀을 발라 길이 3cm, 폭 2.5cm로 잘라 거피팥고물을 고루 무친다.

| 대추와 쌀가루 섞기 | 주먹쥐기로 안침 | 펀칭기로 치댐 |
| 꿀 바르기 | 네모나게 썰기 | 거피팥고물 묻히기 |

경주황실떡

재료
찹쌀가루 900g, 찰흑미가루 100g, 소금 1큰술, 물 7큰술, 설탕 10큰술, 팥고물 3컵

부재료
땅콩 120g, 대추 10개, 밤 10개, 잣 30g, 호두 80g, 서리태 1/2컵

삶은 팥 | 팬에 팥앙금 볶기 | 보슬보슬하게 볶음 | 경주황실떡 단면

흑미 | 땅콩 | 밤 | 서리태 | 잣

만드는 법

1. 찹쌀을 깨끗이 씻어 5시간 이상 충분히 불린 후 소쿠리에 건진다. 흑미는 24시간 불려 2번 곱게 빻아 갈아 섞는다.
2. 잣은 고깔을 떼고, 땅콩과 호두는 끓는 물에 소금 약간 넣고 삶는다. 서리태는 불려서 소금을 살짝 뿌린다.
3. 호두, 땅콩은 1/2은 다지고, 나머지 1/2은 굵게 썬다.
4. 쌀가루에 물을 주어 골고루 비빈 후 중간체에 내린다.
5. 설탕을 섞고 부재료를 섞는다.
6. 찜기에 젖은 면포 깔고 → 팥가루, 설탕 약간 → ⑤의 쌀가루 1/2 → 팥가루, 설탕 약간 → ⑤의 쌀가루 1/2 → 팥가루, 설탕 약간.
7. 젓가락으로 숨구멍 내고, 김이 오르고 25분 찐다.
8. 사각틀에 넣어서 성형을 하고 굳으면 썬다.

※ 팥을 삶아 팥고물을 만들지 않고, 팥앙금 400g과 소금 2/3작은술 넣어 볶다가 설탕 3큰술 넣어 팥고물을 만들어 사용하기도 한다.

흑미+쌀가루에 설탕 넣기 　 각종 고물 섞기 　 찜기에 팥고물

팥고물 위에 쌀가루 　 팥고물과 쌀가루 반복하여 넣기 　 맨 위에 팥고물로 얹고 숨구멍

단호박 메시루떡

재료
멥쌀가루 1kg, 찐 단호박 300g, 설탕 8큰술, 꿀 2큰술, 밤 2개, 삶은 거피팥 500g

단호박 　　　 거피팥 　　　 밤

만드는 법

1. 멥쌀을 깨끗이 씻어 일어 5시간 이상 불려 건져 30분 정도 물기를 뺀다. 소금간하여 물 내리지 않고 빻는다.
2. 한꺼번에 많은 양의 쌀을 빻았을 때는 체에 한 번 내린 후 소분하여 냉동 보관한다.
3. 단호박은 2등분하여 씨를 제거하고 찜기에 찐다.
4. 쌀가루와 호박, 꿀을 섞어 어레미(굵은체)에 내린다.
5. 체에 내린 쌀가루에 설탕을 넣고 고르게 섞는다.
6. 찜기에 거피팥고물 1/2을 깔고 → 단호박 쌀가루 올리고 → 칼금 넣고 → 거피팥고물 1/2을 올린다(얇게 썬 밤을 쌀가루 바깥쪽으로 빙둘러 장식하면 보기 좋다).
7. 찜기를 김이 오른 물솥에 올려서 쌀가루 위로 김이 오르면 뚜껑 덮어 20분 정도 찌고 5분 뜸들인다.

찧은 단호박 · 찐단호박과 쌀가루 섞기 · 찜기에 쌀가루 넣기

칼금 넣기 · 거피팥고물 올린 모양 · 완성된 모양

삼색편

재료 1
멥쌀가루 250g, 단호박찐 것 100g, 설탕 4큰술, 녹두고물 200g

재료 2
쑥멥쌀가루 250g, 설탕 3큰술

재료 3
멥쌀가루 250g, 물 3큰술, 설탕 2큰술

녹두고물

단호박

쑥가루

만드는 법

1. 멥쌀가루, 물 3큰술 섞어서 중간체에 내려 설탕 섞는다.
2. 찐 단호박과 멥쌀가루를 섞어 중간체에 내리고 설탕 섞는다. 그 다음 녹두고물 섞는다.
3. 쑥가루와 멥쌀가루에 수분을 주어 중간체에 내리고 설탕 섞는다.
4. 찜기에 녹두무거리 → 쑥 쌀가루 → 흰 쌀가루 → 단호박 쌀가루 순으로 안치고, 25분 찌고 5분 뜸들인다.

흰 쌀가루 체 내림 / 찐 단호박 섞은 쌀가루 체 내림 / 쑥가루 섞은 쌀가루 체 내림

먼저 호박 쌀가루 안침 / 두 번째 흰 쌀가루 안침 / 쑥 쌀가루 안치고 칼금 표시

칼금 넣기 / 찐 떡 단면 / 순서를 다르게 한 떡

호박 찰편

재료
찹쌀가루 1kg, 단호박 1/2개, 설탕 8큰술, 소금 1큰술, 거피녹두 3컵

단호박

거피녹두

만드는 법

1. 불린 찹쌀은 소금간해서 가루로 빻는다.
2. 거피녹두는 5시간 이상 불려 잘 일어준 후 찜기에 찐 다음 절구로 빻아 굵은체에 내린다 (절구로 빻을 때 소금 1작은술을 넣는다).
3. 단호박은 쪄서 껍질을 제거하고 으깬다.
4. 찹쌀가루에 단호박을 섞어서 체에 내리고 설탕을 섞는다.
5. 찜기에 젖은 면포를 깔고 → 거피녹두고물 → 설탕 → 쌀가루 1/2 → 설탕 → 거피녹두고물 → 설탕 → 쌀가루 1/2 → 설탕 → 거피녹두고물 순으로 넣고 20분 정도 찐다.
6. 찹쌀이므로 찌기 전 젓가락으로 숨구멍을 낸다.
7. 대꼬치로 찔렀을 때 날가루가 묻지 않으면 쏟아 식힌 후, 먹기 알맞게 직사각형으로 썰어 낸다.

거피녹두와 소금 | 거피녹두 빻기 | 설탕 섞기

거피녹두고물 위에 설탕 뿌리기 | 거피녹두고물 얹기 | 숨구멍 내기

완두 반찰 팥시루떡

반찰=멥쌀 50%+찹쌀 50%

재료

멥쌀가루 500g, 찹쌀가루 500g, 물 6큰술, 설탕 5큰술(또는 7큰술), 붉은팥 350g,
완두배기 150g, 소금 1작은술, 물 6~7컵

팥   완두배기

만드는 법

1. 멥쌀, 찹쌀은 각각 물에 담가 불려 각각 빻아온다.
2. 멥쌀과 찹쌀에 각각 물 6큰술을 넣어 고루 비빈 후 체에 내린다.
3. 찌기 직전에 설탕 5큰술을 넣고 고루 섞는다.
4. 완두배기는 끓는 물에 살짝 데친 후 물기를 제거해 놓는다.
5. 팥은 씻어 일어 물을 넉넉히 붓고 끓어오르면 첫 물을 쏟아버린다(떫은 맛 제거).
6. 팥의 3배 정도 물을 붓고 삶는다. 푹 삶아지면 여분의 물을 따라내고 타지 않도록 뜸을 들인다.
7. 삶은 팥은 한 김 나간 후 절구에 쏟아 소금을 넣고 대강(알갱이가 반 정도 으깬다) 찧어서 팥고물을 만든다.
8. 찜기에 팥고물 → 설탕 1큰술 → 쌀가루 1/2 → 완두배기 → 쌀가루 1/2 → 숨구멍 내기 → 설탕 1큰술 → 팥고물 순서로 안친다.
9. 가루 위로 김이 고루 오르면 뚜껑을 덮어 25분 찐 후 약불에서 5분간 뜸을 들인다.

반 정도 찧은 삶은 팥 · 완두배기 앉히기 · 스크래퍼로 고르게 정리
숨구멍 내기 · 찜기 팥고물 얹기 · 완성된 떡

삼색 무리병

재료
흰색: 멥쌀가루 250g, 물 4큰술, 잣가루 1큰술, 설탕 2½큰술
녹색: 멥쌀가루 250g, 물 4~5큰술, 쑥가루 2작은술, 잣가루 1큰술, 설탕 2½큰술
검은색: 멥쌀가루 250g, 물 4큰술, 흑임자가루 2큰술, 잣가루 1큰술, 설탕 2½큰술
고명: 잣, 석이버섯

잣가루 만들기:
키친타올로 잣을 감싸고 밀대로 밀어 기름을 빼고, 기름 뺀 잣은 분쇄기를 이용해 가루를 내거나 칼을 이용해 가루를 만든다.

잣　　　석이버섯　　　흑임자가루

만드는 법

1. 멥쌀을 8시간 이상 불려 물을 충분히 뺀 후 소금 간하여 물 내리지 않고 빻는다.
2. 쌀가루는 색(쑥을 넣고)을 들이고 물을 주어 고운체에 내린다(체에 내릴 때는 흰 쌀가루를 먼저 내리고 쑥을 섞은 쌀가루를 체로 내려야 쌀가루에 다른 색이 묻어나지 않는다).
3. 잣가루와 흑임자가루는 설탕과 함께 나중에 섞어준다.
4. 찜기에 흑임자, 쑥, 흰 쌀가루 순으로 넣어 고루 펴준다(흰 쌀가루는 한웅큼 남김).
5. 삼색 쌀가루를 다 넣었으면 8등분으로 칼금을 내고, 한 웅큼 남긴 흰 쌀가루를 체로 솔솔 뿌려 마무리 한다.
6. 김이 오르고 25분 찌고, 5분 뜸들인다.
7. 찐 떡 위에 석이버섯과 잣으로 고명을 얹어 완성한다.

| 흑임자 쌀가루 넣기 | 쑥 쌀가루 넣기 | 흰 쌀가루 넣기 |
| 흰 쌀가루를 고르게 솔솔 뿌림 | 고명용 석이버섯 가늘게 썰기 | 완성된 떡에 고명 얹기 |

흑미 찹쌀떡

재료
흑미찹쌀가루 1kg, 물 9큰술, 물엿 50g, 계란 흰자, 소금, 옥수수전분(또는 감자전분), 소(앙금) 1kg, 호두 50g

| 펀칭기 | 떡 넣기 | 펀칭하기 | 펀칭한 떡 꺼내기 |

| 흑미찹쌀가루 | 계란 흰자, 밀가루 | 삶은 팥과 앙금 | 다진 호두 | 옥수수전분 |

만드는 법

1. 찹쌀가루 900g에 흑미 100g, 소금 1큰술 넣어 빻는다.
2. 쌀가루는 물(9큰술) 주고 체에 내린 뒤, 찜기에 주먹쥐기로 쌀가루를 안친다. 김오른 찜기에 20분 찐다.
3. ②의 찐 떡에 밀가루 1작은술, 물엿 50g, 흰자 1/2개 첨가해 펀칭기(반죽기)를 이용해 3~5분 펀칭한다(치댄다).
4. 식용유를 바른 비닐에 친 떡을 쏟아 부어 40g씩 분할한다.
5. 삶은 팥과 시중에 팔고 있는 팥앙금을 1:1 비율로 섞는다.
6. ⑤에 다진 호두 50g을 섞어 찹쌀떡에 들어갈 소(앙금)를 만든다.
7. 소는 30g씩 분할하고 둥글게 만들어 30분 정도 냉동한다(적당히 단단해져야 찹쌀떡을 둥글게 만들수 있다).
8. 분할한 떡(40g)에 소(앙금)을 넣고 둥글게 빚은 뒤 전분을 묻힌다.

| 팥에 다진 호두 섞기 | 완성된 찹쌀떡 소 | 쌀가루 주먹쥐어 안치기 |
| 펀칭한 떡 | 떡에 소를 넣고 둥글게 빚기 | 전분가루 묻혀 완성 |

은행 단자

재료
찹쌀가루 1kg, 은행 200g, 물 5큰술, 꿀 4큰술, 설탕 4큰술, 거피팥고물 400g, 대추, 호박씨 약간

| 은행 | 거피팥고물 | 대추 | 호박씨 |

만드는 법

1. 은행은 끓는 물에 넣고 국자로 저으며 껍질을 벗기고, 분쇄기에서 찹쌀가루 2컵과 같이 간다.
2. 찹쌀가루에 곱게 간 은행을 섞어 고루 버무린 후 물, 설탕, 꿀을 섞어준다.
3. 찜기에 젖은 면포를 깔고 설탕을 약간 뿌린 뒤 쌀가루를 주먹쥐어 넣어 찐다.
4. 찐 떡을 절구에 꽈리가 일도록 찧는다(펀칭기 이용하면 편리함).
5. 쟁반에 비닐을 깔고 기름 바른 후 친 떡을 1cm 두께로 펴고 1시간 동안 냉동한다.
6. 떡에 꿀을 발라 길이 3cm, 폭 2.5cm로 자른다.
7. 대추와 호박씨로 고명을 올리고 거피팥고물을 고루 묻혀 완성한다.

거피팥 찌기 · 대추 고명 만들기 · 은행 삶기

쌀 주먹쥐어 찌기 · 찐 떡 · 찐 떡 펀칭

펀칭 후 얇게 편 모양 · 식힌 후 떡 썰기 · 고명 올리고 고물 묻히기

승검초 영양찰편

재료
찹쌀가루 1kg, 소금 1큰술, 승검초물 10큰술, 설탕 6큰술, 꿀 2큰술

부재료
대추 10개, 밤 9개, 호두 30g, 호박고지 30g, 서리태 1/2컵, 생땅콩 1/2컵
약재: 승검초(당귀) 50g

   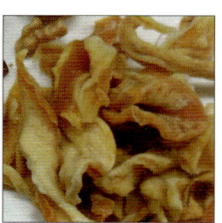

호두 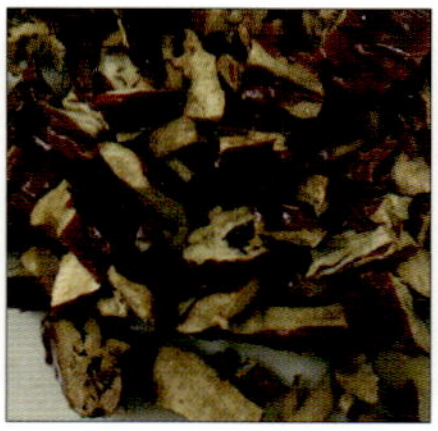　　　　대추　　　　서리태　　　승검초물　　호박고지

만드는 법

1. 찹쌀은 깨끗이 씻어 8시간 정도 불린 다음 물기를 빼고 소금 넣고 빻는다(2번 물 갈아주기).
2. 승검초에 물 넣고 믹서에 간 다음 쌀가루에 꿀과 함께 섞어 굵은체에 내린다.
3. 서리태는 물에 불려 소금 약간 넣고, 호박고지는 따뜻한 물에 씻어 2cm 길이로 썰어 흑설탕 1큰술에 버무린다.
4. 생땅콩은 10분 정도 삶고, 호두를 넣어 끓으면 건진다.
5. ②에 설탕, 서리태, 생땅콩, 호두, 호박고지, 밤, 대추를 섞는다.
6. 찜기에 젖은 면포 깔고 → 설탕 솔솔 뿌리고 → 쌀가루 주먹쥐어 넣고 → 쌀가루 위로 김 오르고 20분 찐다.
7. 식용유 약간 바른 비닐에 찐 떡을 쏟아 모양을 잡은 후 냉동보관하고 굳으면 썬다.

갈은 승검초 면포에 걸러내기

쌀가루에 승검초물로 물주기

굵은체 내리고 꿀 섞기

밤, 서리태 등 속재료 섞기

설탕 뿌리고 주먹쥐어 찐다

찐 떡은 치대고 굳힘

궁중 인절미

재료
찹쌀가루 1kg, (소금 1큰술), 물 6큰술, 꿀 2큰술, 호박씨 20개, 대추 10개
고물: 거피녹두 3컵, 소금

거피녹두　　　대추　　　석이버섯

만드는 법

1. 소금 넣어 빻은 찹쌀가루에 꿀과 물 넣고 체에 내린다.
2. 찜기에 젖은 면포를 깔고 설탕 조금 뿌리고 쌀가루를 주먹쥐어 찐다.
3. 말갛게 익은 떡은 절구에 쏟아 꽈리가 일도록 친다(펀칭기 이용하면 용이하다).
4. 친(펀칭한) 떡은 1시간정도 식히면 썰어도 떡 모양이 흐트러지지 않는다.
4. 테프론시트에 기름 바르고 떡반죽을 쏟아 모양을 잡은 후 알맞은 크기로 썬다.
5. 썰어 놓은 떡 위에 대추, 호박씨, 석이버섯으로 고명을 얹고 빻지 않은 거피녹두 통고물을 묻혀 완성한다.

거피녹두 통고물 만들기

1. 깐 녹두는 5시간 이상 불려 거피한다.
2. 녹두를 일어서 물기 빼 놓는다.
3. 찜기에 면포를 깔고 거피한 녹두를 안쳐 푹 무르게 찐다.
4. 잘 쪄지면 소금 넣고 절구로 살짝 빻는다(녹두고물 4컵에 소금 1작은술).

쌀가루에 꿀 넣기 | 주먹쥐기로 넣고 찌기 | 찐 떡 펀칭하기

펀칭한 떡 펼치고 자르기 | 호박씨, 대추 등으로 고명 | 거피녹두에 묻히기

색동 설기

재료

멥쌀가루 1kg, 막걸리 14큰술, 아몬드가루 6큰술, 설탕 10큰술, 자색고구마 30g, 계피가루 1/2작은술, 녹차가루 1작은술

계피가루

쑥가루

자색고구마가루

색 내기

자색: 멥쌀가루 250g, 막걸리 3큰술, 아몬드가루 2큰술, 설탕 3큰술, 자색고구마 30g
흰색: 멥쌀가루 250g, 막걸리 3큰술, 아몬드가루 2큰술, 설탕 2큰술
계피색: 멥쌀가루 250g, 막걸리 4큰술, 계피가루 1/2작은술, 설탕 2큰술
녹색: 멥쌀가루 250g, 막걸리 4큰술, 녹차가루 1작은술, 아몬드가루 2큰술, 설탕 3큰술

만드는 법

1. 멥쌀을 깨끗이 씻어 일어 5시간 이상 불려 건져 30분 정도 물기 빼고 소금 간하여 물 내지 않고 빻는다.
2. 각각의 쌀가루에 색을 들이고 막걸리로 물주어 체에 내린다.
3. 체에 내린 쌀가루에 아몬드, 설탕을 넣는다.
4. 찜기에 시루밑 깔고 녹색 → 계피색 → 흰색 → 자색순으로 넣어 고루 펴 준다.
5. 칼금 넣고, 25분 찌고 5분 뜸들인다.

쌀가루에 막걸리 넣기 계피가루쌀 넣기 흰쌀가루 넣기

자색쌀가루 넣기 칼금 내기 완성된 색동설기

호두편

재료
찹쌀가루 1kg, 물 6큰술, 설탕 7큰술, 호두분태 150g, 흑설탕 5큰술

호두   호두 데치고   설탕과 계피가루   호두 넣고   조린다

만드는 법

1. 찹쌀은 5시간 이상 불려 소금 넣고 빻는다.
2. 찹쌀가루에 물 6큰술 넣고 굵은체에 내리고 설탕 7큰술 섞는다.
3. 호두는 끓는 물에 데친다.
4. 데친 호두는 잘게 썬 다음 흑설탕, 계피가루, 물 6큰술 넣어 졸인다.
5. 찜기에 젖은 면포를 깔고 설탕을 솔솔 뿌린다(찐 떡이 면포에서 잘 떨어지도록).
6. 찹쌀가루 넣고 스크래퍼로 정리하고, 그 위에 조린 호두를 얹는다.
7. 끓는 물솥에 찜기 올리고 쌀가루 위로 김 오르면 20분 찐다.
8. 찐 떡은 넓은 쟁반에 꺼내 뜨거울 때 호두 위로 황설탕 뿌린다.
9. 식으면 먹기 좋게 자른다.

호두 조리기 · 면포에 설탕 뿌리기 · 쌀가루 넣고 정리

쌀가루 위에 조린 호두 얹기 · 찐 떡 · 뜨거운 떡 위에 흑설탕 뿌림

겨울

귤병 단자

재료
찹쌀가루 1kg, 귤즙 6큰술, 꿀 2큰술, 설탕 4큰술,
거피팥고물 700g(소금 1/2큰술 넣고 400g은 소 만들 때 쓴다)

소(속재료)
호두 4쪽, 거피팥고물 400g, 꿀 4큰술, 설탕 2큰술, 귤껍질 40g(고물 농도는 꿀로 조절)

거피팥　　　호두　　　귤　　　귤껍질

만드는 법

1. 찹쌀을 씻어 5시간 이상 충분히 불려 소금을 넣어 한번 빻는다.
2. 거피팥은 6시간 이상 불려 씻어서 물기 빼고 30분 정도 찐 뒤, 소금 넣고 으깬 후 어레미에 내린다.
3. 귤을 껍질째 깨끗이 씻어 식초물에 헹구고 껍질은 4등분하고, 껍질 안쪽 흰부분은 제거하여 가늘게 채를 썬다. 귤껍질은 끓는 물에 데친 후 설탕 2큰술, 소금 약간, 꿀 1큰술을 넣고 물기없이 졸인다.
4. ③에 나머지 소재료 넣어 10g씩 뭉쳐 놓는다.
5. 찹쌀가루에 귤즙, 꿀을 넣어 굵은체에 내리고 설탕 섞은 후 주먹쥐어 찜기에 25분 찐다.
6. 찐 떡은 기름 바른 테프론시트에 쏟아 잘 치댄 후, 22~24g씩 소분하여 소를 넣고 성형하여 거피팥고물을 묻힌다.

거피고물, 속재료 섞기

속재료를 적당한 크기로 뭉치기

쌀가루에 귤즙 넣기

쌀가루 주먹쥐어 찜

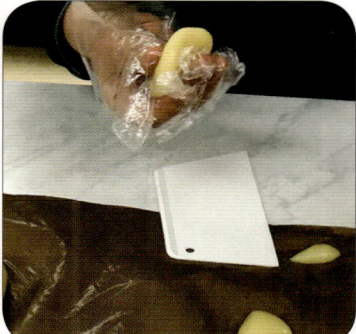
찐 떡 분할하기

속고명 넣고 거피팥고물 묻힘

콩가루무스 떡케이크

재료

멥쌀가루 900g, 볶은콩가루 30g,

물 10큰술, 아몬드가루 30g, 사이다 3큰술, 호두 40g, 설탕 7큰술, 흑설탕 3큰술, 크랜베리 10g

무스젤 재료: 가루 한천(우뭇가사리) 5g, 물 1컵, 설탕 50g, 백앙금 200g, 물엿 25g,

　　　　　콩가루물(콩가루 15g, 물 1/2컵, 녹두녹말 1작은술)

한천 가루 　　 한천 물 　　 물엿 　　 속재료

볶음 콩가루 　 다진 호두 　 백앙금 　 크랜베리 　 아몬드가루

만드는 법

1. 멥쌀가루, 콩가루, 아몬드가루, 사이다, 물을 넣어 중간체에 내린다.
2. 체에 내린 쌀가루에 설탕을 넣고 고루 섞는다.
3. ②의 쌀가루 1컵 분량을 따로 담아 흑설탕, 호두(잘게 썬), 크랜베리(잘게 썬)를 섞어 속재료를 만든다.
4. 찜기에 쌀가루 → ③의 속재료 → 쌀가루 순으로 넣고 25분 찌고 5분 뜸들인다.
5. 찐 떡은 식힌 후 무스띠를 두른다.
6. 무스를 만들어 약간 식힌 떡 위에 붓고, 호두정과로 장식한다.

무스 만들기

1. 물 1컵에 한천 5g을 넣어 불린 후, 중간불 팬에서 한쪽 방향으로 젓다가 설탕을 넣는다.
2. 투명해지면 백앙금을 넣어 풀어준다.
3. 콩가루물 넣어 끓이다가 물엿 넣고 1분 정도 끓인 후 불을 끈다.
4. 완성된 무스는 약간 식힌 후 떡에 붓는다.

설탕넣고 젓기 | 백앙금 풀기 | 백앙금 끓이기 | 콩가루물 | 완성된 무스

쌀가루 넣기 | 속재료 넣기 | 속재료 정리 | 쌀가루 넣기 | 정리하기

찐 떡(위)과 무스띠 두르기(아래) | 무스 붓기 | 호두로 장식하기

호박고지 팥시루떡

재료
멥쌀가루 400g, 찹쌀가루 600g씩, 물 6큰술,
설탕 8큰술, 호박고지 40g

고물
붉은팥 400g, 소금 1½작은술, 설탕 30g, 물 8~9컵

호박고지
미지근한 물에 주물러 깨끗이 씻은 후, 1cm 정도로 잘라 흑설탕 1큰술에 주물러 놓는다.
(호박고자를 계속 물에 담가 두면 흐물흐물 해짐)

팥 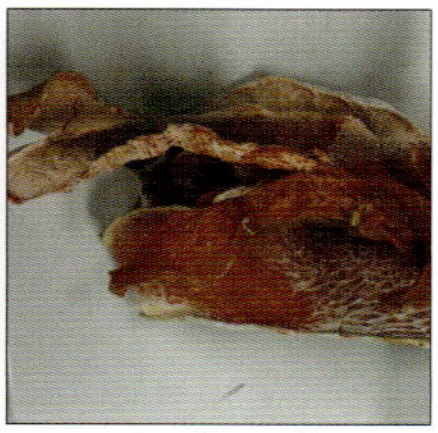   호박고지

만드는 법

1. 찹쌀과 멥쌀은 물에 담가 불린 후 각각 빻는다.
2. 멥쌀가루에 물 6큰술을 넣고, 잘 섞은 후 찹쌀가루 함께 굵은체에 내린다.
3. 설탕 8큰술을 넣어 고루 섞는다.
4. 팥은 씻어 일어 물을 넉넉히 붓고 끓어오르면 첫 물을 쏟아버린다.
5. 팥의 3배 정도의 물을 붓고 삶는다. 푹 삶아지면 여분의 물을 따라내고 소금 넣고 타지 않도록 뜸을 들인다.
6. 삶은 팥은 한 김 나간 후 절구에 쏟아 대강 찧어서 팥고물을 만든다.
7. 찜기에 팥고물 → 설탕 1큰술 → 쌀가루 1/2 → 호박고지 → 쌀가루 1/2 → 설탕 1큰술 → 젓가락으로 숨구멍(찹쌀이 혼합되어 숨구멍 필요) → 팥고물 순서로 안치고 쌀가루 위로 김이 오르면 뚜껑을 덮어 25분 정도 찐다.

호박고지에 설탕 묻히기 | 찜기에 팥고물 넣고 설탕뿌림 | 쌀가루 1/2 넣기

호박고지 넣기 | 쌀가루 1/2 넣고 숨구멍 내기 | 팥고물 얹기

서리태 꿀편

재료
찹쌀가루 1kg, 소금 2작은술, 물 4큰술, 황설탕 4큰술

콩조리기
서리태 3컵(400g), 황설탕 3큰술, 소금 1작은술, 물 1컵

장식
흑설탕 또는 조청 3큰술. 위쪽은 밤통조림으로(20개) 깔아도 좋음

서리태

콩조리기 1

콩조리기 2

콩조리기 3

만드는 법

1. 찹쌀은 깨끗이 씻어 5시간 이상 불려 물기뺀 후 소금 넣어 빻는다.
2. 불린 서리태를 10분 정도 삶은 후 설탕과 소금을 넣고 물기없이 조린다.
3. 찹쌀에 물주기한 후 어레미(굵은체)에 내리고 설탕 넣는다.
4. 찜기에 젖은 면포 깔고 서리태 → 쌀가루 → 서리태 순서로 얹고 20분 찐다.
5. 기름 바른 테프론시트에 쏟아 서리태 위에 흑설탕을 뿌려 녹인다.
6. 한 김 식은 후 3cm 크기로 네모지게 썰어 낸다.

조린 콩 찜기에 넣기

콩 위에 쌀가루 얹고 구멍내기

콩 적당히 넣기

찐 떡

찐 떡 위에 황설탕 뿌림

떡 완성

초코 떡케이크

재료 1
멥쌀가루 400g, 우유 6큰술, 무가당 코코아가루 1큰술, 물 3큰술, 설탕 4큰술

재료 2
멥쌀가루 400g, 물 6큰술, 설탕 4큰술, 초코칩, 호두

코코아분   호두   초코칩

만드는 법

1. 멥쌀을 잘 씻어 8시간 불린 다음 소쿠리에 건져 30분 정도 물기빼고 소금 넣고 빻는다.
2. 첫 번째 쌀가루(400g)에 코코아가루, 우유, 물을 넣어 중간체에 한 번 내려서 수분 농도 맞추고 한 번 더 내린 뒤 설탕을 섞는다.
3. 두 번째 쌀가루(400g)에 물 주고 체에 내린 후 설탕과 초코칩을 섞는다.
3. 장식용으로 사용할 흰 쌀가루를 1/3컵 정도 따로 준비한다.
4. 찜기에 시루밑 깔고 사각 무스링을 얹는다.
5. 사각 무스링 안에 쌀가루(코코아 첨가) → 호두 → 쌀가루(초코칩 첨가한 흰 쌀가루) 순으로 안친다.
6. 9등분 분할판을 이용하여 칼금을 내고, 흰 쌀가루로 꽃모양 장식한다.
7. 쌀가루 위로 김이 고루 오른 후 20분 찌고 불을 줄여 5분 뜸들인다.

코코아가루와 쌀가루 섞음

무스링에 쌀가루와 초코칩 넣음

호두 뿌리기

코코아가루 섞은 쌀가루 넣기

흰쌀가루로 장식하고 칼금넣기

찐 후 색상이 짙어짐

흑미 찰시루떡

재료

찹쌀 900g, 메흑미100g, 물 6큰술, 설탕 8큰술, 소금 1큰술, 녹두고물 4컵, 밤 10개, 대추 10개, 호두 10개

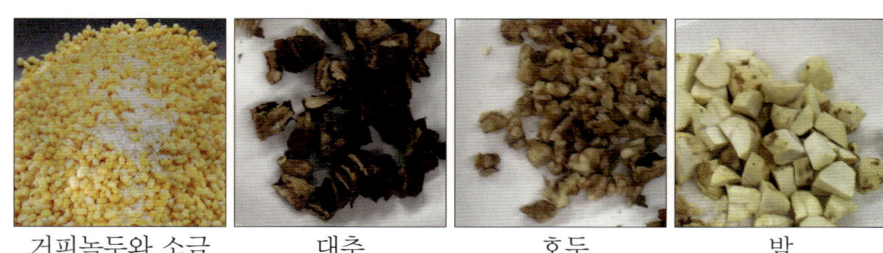

거피녹두와 소금   대추   호두   밤

만드는 법

1. 쌀가루는 소금을 넣어 빻고, 물을 주어 어레미에 내린다.
2. 견과류는 6등분으로 자른다.
3. 찜기에 젖은 면포 → 고물 → 흑미가루 → 견과류 순으로 넣고 10분 찐다.
4. ③에서 찜기 뚜껑을 열고 위에 흑미가루 → 고물 넣고 10분 찐다(③+④ 총 20분 찐다).

※ 한꺼번에 면포 → 고물 → 흑미가루 → 견과류 → 흑미가루 → 고물 순으로 안쳐 20분 정도 쪄도 된다.

흑미가루에 물주기 | 거피녹두 체 내리기 | 찜기에 거피녹두 넣고 설탕뿌림

흑미가루 넣기 | 각종 속고물 넣기 | 1차로 찐(10분) 후

1차 찐 후 흑미가루 붓는다 | 흑미가루 붓고 고르게 정리 | 흑미가루 위에 거피녹두

팥앙금떡

재료
멥쌀가루 800g, 팥앙금 160g, 막걸리 6큰술, 설탕 8큰술

호두시럽
설탕 5큰술, 물 3큰술, 계피가루 1작은술, 호두분태 2큰술 넣고 수분을 날리듯 볶아준 뒤 불 끄고 꿀 1큰술 섞기

떡살   팥앙금   막걸리

만드는 법

1. 멥쌀을 씻어 5시간 이상 불리고, 소쿠리에 건져 30분 정도 물을 빼고 소금 넣어 빻는다.
2. 쌀가루에 팥가루와 막걸리 넣어 잘 비벼 고운체에 친 후 설탕을 넣는다.
3. 쌀가루 1/2을 안치고 호두시럽을 올리고 다시 쌀가루 1/2 안친다.
4. 칼금 표시하고 떡살을 찍어 모양을 낸다.
5. 찜기를 끓는 물솥에 올려서 쌀가루 위로 김이 오르면 20분 정도 찐다. 5분간 뜸들인 후 식혀서 그릇에 옮긴다.

호두시럽 만들기 | 쌀가루에 팥앙금 섞기 | 막걸리 붓기

찜기에 쌀가루 1/2 | 속재료 넣기 | 쌀가루 1/2 넣기

칼금 표시하기 | 떡살 찍어 모양내기 | 칼금 내기

현미 영양떡

재료

찹쌀현미가루 1kg, 소금 1큰술, 물 8큰술, 황설탕 10큰술, 땅콩 100g, 대추 10개, 잣 30g, 호두 50g, 호박고지 60g, 서리태 100g

| 찹쌀현미 | 대추 | 땅콩 | 서리태 | 잣 |

만드는 법

1. 찹쌀을 깨끗이 씻어 5시간이상 불려 빻는다.
2. 현미는 24시간 불려 2번 곱게 빻는다.
3. 대추는 씨 빼고 돌려깎기해서 돌돌 만다.
4. 호두는 끓는물에 데친 뒤 건져서 물기를 뺀다.
5. 생땅콩은 10분간 삶는다.
6. 호박고지는 더운 물에 부드럽게 씻고 자른 후 흑설탕 1큰술에 주물러 놓는다.
7. 쌀가루에 물주어 어레미에 내리고 설탕 넣고 잣, 호두 썰어 넣고 땅콩을 넣는다.
8. 찜기에 젖은 면포 깔고 → 설탕 약간 뿌리고 → 주먹쥐어 넣는다.
9. 쌀가루를 위로 김 오르고 25분 찐다.
10. 구름틀에 비닐깔고 → 떡 1/2 놓고 → 대추말이 얹고 → 떡 1/2 넣고 냉동보관한다.
11. 굳힌 떡은 적당한 크기로 썰어 포장한다.

현미쌀가루에 속재료 섞기

찜기에 주먹쥐어 넣고 찌기

찐 떡 치댐

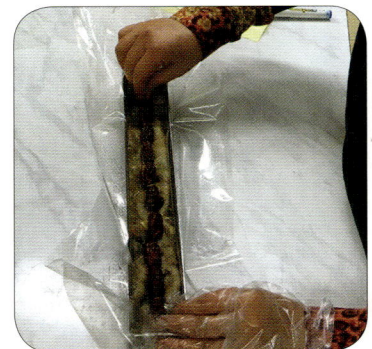
틀에 떡 1/2 깔고 대추 얹음

떡 1/2 틀에 채움

굳힌 떡

백일 떡케이크

재료
1단: 멥쌀가루 1.2kg, 물 18큰술, 설탕 12큰술(30cm 찜기)
2단: 멥쌀가루 500g, 물 7큰술 설탕 5큰술(2호 무스링)

멥쌀가루

잣(고명용)

석이버섯(고명용)

호박씨(고명용)

무스링 없이 찐 떡

만드는 법

1. 멥쌀을 깨끗이 씻어 8시간 정도 불린 후 30분 물 빼주고, 소금 넣고 빻는다.
   (쌀 1kg에 소금 1큰술)
2. 쌀가루를 고운체에 한 번 내리고, 물 주고 체에 다시 내린다. 백설기는 고운체에 한 번 더 내린다.
3. 취향에 따라 적당량의 설탕을 넣고 고루 섞는다.
4. 찜기에 시루밑을 깔고 → 사각 무스링 놓고 → 쌀가루 고루 펴서 안친다.
   (30cm 찜기에 무스링 없이 둥근 케이크 모양으로 만들기도 한다.)
5. 9등분 분할판을 이용해 칼금 넣고, 무스링은 상하좌우로 살짝 유격을 준다.
6. 쌀가루 위로 김 오른 후 25분 찌고 5분 뜸들인다(떡 찌기 시작하여 15분 정도 지나면 사각 무스링을 제거하고 계속 찐다).
7. 찐 떡 위에 고명으로 잣, 석이버섯, 호박씨를 얹어 완성한다.

쌀가루 물줄기 · 사각 무스링 · 쌀가루 넣고 정리

칼금 넣기 · 무스링 유격주기 · 찐 백설기

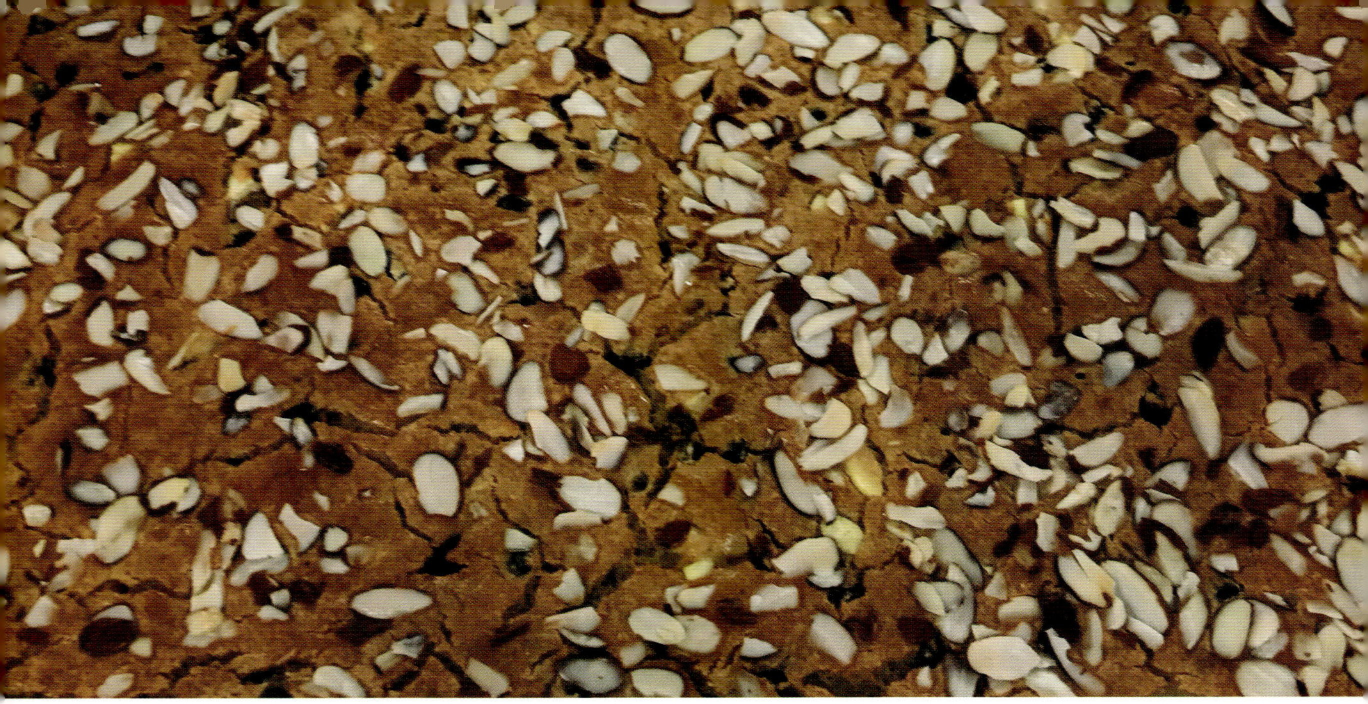

구운 찹쌀떡

재료

찹쌀가루 1kg(소금 1큰술), 우유 400cc, 달걀 2개, 설탕 120g, 베이킹 파우더 4g, 소다 4g

부재료

고구마 120g, 완두배기 120g, 팥배기 120g, 밤 120g, 호두 50g

고구마

계란

호두

우유

밤

슬라이스 아몬드

팥배기

완두배기

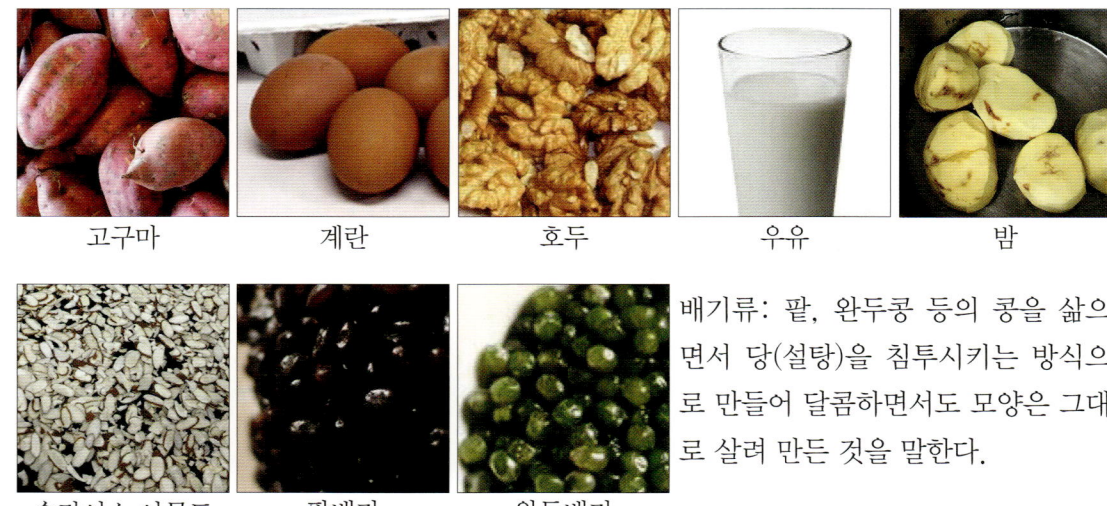

배기류: 팥, 완두콩 등의 콩을 삶으면서 당(설탕)을 침투시키는 방식으로 만들어 달콤하면서도 모양은 그대로 살려 만든 것을 말한다.

만드는 법

1. 찹쌀은 5시간 이상 불려 소금 넣어 빻는다.
2. 찹쌀가루는 어레미(굵은체)에 내려준다.
3. 배기류 및 부재료를 0.7cm 크기로 잘게 다져 준비하고 달걀, 소금, 우유, 물(약 1/2컵)을 넣고 잘 반죽한다.
4. 반죽이 걸쭉하게 흘러내릴 정도가 되면 적당한다.
5. 반죽 위에 아몬드나 피칸을 솔솔 뿌리면 좋다.
6. 오븐팬에 올리브유나 녹인 버터를 바르고 반죽을 붓고 180℃ 오븐에서 40~50분 구워낸다. 반죽의 양에 따라 시간을 조절한다.
7. 오븐에 넣고 30분 후 오븐팬을 180도 방향을 바꾸어 주면 고르게 익힐 수 있다.

| 쌀과 속재료 | 쌀과 속재료를 섞음 | 반죽 위에 아몬드 뿌리기 |
| 올리브유 바르기 | 오븐에서 꺼낸 후 식힘 | 먹기 좋게 썬 모양 |

궁중 약식

재료
찹쌀가루 1kg, 간장 3큰술, 설탕 3/4컵, 참기름 6큰술, 캐러멜 소스 1큰술, 계피가루 1작은술, 대추고 1/2컵, 대추 10개, 잣 1큰술, 밤 5개, 청주 2큰술, 꿀 2큰술

대추고
재료: 대추 1컵, 물 3컵, 설탕 1/3컵, 꿀 1큰술

1. 준비한 대추의 3배 정도 물을 붓고 1시간 정도 곤다.
2. 대추를 건져 씨를 제거하고 푹 곤다.
3. 체에 거른 다음 설탕을 넣고 다시 푹 끓인다.
4. 마지막에 꿀을 넣는다.

잣

밤

대추

대추고

캐러멜 소스

캐러멜 소스

재료: 설탕 3큰술, 물 1½큰술, 더운 물 1½큰술, 물엿 2작은술

1. 설탕과 물을 섞어 팬에서 끓인다.
2. 설탕물이 끓어 올라 가장자리부터 타기 시작하면 팬을 돌려주면서 전체를 진한 갈색으로 만든다.
3. 뜨거운 물을 섞고 굳지 않도록 물엿을 넣는다.

만드는 법

1. 찹쌀을 씻어 6시간 이상 충분히 불려서 물기를 뺀 후 찜기에 면포를 깔고 1차로 40분 찐다. [처음 30분 찐 후 소금물(물 1컵+소금 1작은술)을 섞어주면서 10분 더 찐다.]
2. 밤은 4~6등분하고, 대추는 씨를 제거한 후 3~4조각 낸다.
3. 찐 찹쌀이 뜨거울 때 큰 그릇에 쏟아 설탕, 참기름, 간장, 대추고, 캐러멜 소스, 청주 순으로 섞은 뒤 2시간 정도 둔다.
4. 다시 찜기에 젖은 면포를 깔고 2차로 1시간 찐다(찌는 중간에 밤을 넣고 대추와 잣은 꺼내기 5분 전에 넣는다).
5. 큰 그릇에 쏟고 꿀과 계피가루를 약간 넣고, 적당한 그릇에 담는다.

밥하기   소금물 주기   찐 밥에 속재료 섞기

2차 밥 찌기   완성 후 식히기   한입 크기로 담기

메구름떡

재료

흰색: 멥쌀가루 400g, 막걸리 5큰술, 설탕 4큰술

검은색(경계선): 흑미가루 100g

노란색: 멥쌀가루 200g, 막걸리 2큰술, 치자물 1작은술, 설탕 2큰술

분홍색: 멥쌀가루 200g, 체리가루 1/2작은술, 막걸리 3큰술, 설탕 2큰술

녹색: 멥쌀가루 200g, 쑥가루 1작은술, 막걸리 4큰술, 설탕 2큰술

| 막걸리 | 체리 | 치자 | 쑥가루 | 흑미가루 |
| 체리액 | 치자액 | 체리 섞은 쌀 | 치자 섞은 쌀 | 쑥 섞은 쌀 |

만드는 법

1. 멥쌀은 소금 간하여 물 내리지 않고 빻는다.
2. 각각의 쌀가루에 색을 들이고 막걸리를 넣어 고운체에 내린다(체에 내릴 때는 흰색, 노란색, 분홍색, 쑥색, 검은색 순으로).
3. 체에 내린 쌀가루에 설탕을 넣고 섞는다.
4. 찜기에 시루밑을 깔고 흰색 쌀가루 절반(200g)을 넣고, 그 위에 흑미가루(경계선)를 체로 솔솔 뿌린다.
5. 노란색(치자) 쌀가루를 밭고랑처럼 넣고, 그 위에 흑미가루를 체로 솔솔 뿌린다.
6. 녹색(쑥) 쌀가루를 밭고랑 사이와 노란색(치자) 쌀가루 위에 넣고, 그 위에 흑미가루를 체로 솔솔 뿌린다.
7. 분홍색(체리) 쌀가루를 넣고, 그 위에 흑미가루를 체로 솔솔 뿌린다.
8. 마지막에 흰색 쌀가루 절반(200g)을 넣고 고루게 펴준다.
9. 쌀가루로 밭고랑을 가로로 만들었다면, 세로가 긴 직사각형(밭고랑과 직각으로) 모양의 칼금을 낸다.
10. 25분 정도 찌고 5분 뜸들인다.

막걸리 붓기와 밭이랑 내기

흑미가루 뿌리기

정리하기와 칼금내기

(a) 밭고랑 모양과 방향

(b) 칼금모양(적색)

(c) 완성된 떡의 단면

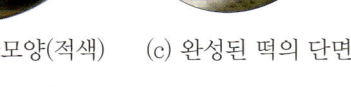

칼금 방향이 맞을 때 떡 모양

칼금 방향이 틀릴 때 떡 모양

밭고랑이 가로면, 칼금은 세로로 길게 직사각형으로 만든다.

호박 흑미찰편

재료
흑미찹쌀(40%)가루 500g, 설탕 4큰술, 물 4큰술,
찹쌀가루 500g, 단호박 50g, 설탕 3큰술,
호두 50g, 땅콩 50g, 크랜베리, 흑설탕 3큰술,
코코넛 가루

흑미찹쌀가루   단호박   다진 땅콩   다진 호두   크랜베리

만드는 법

1. 찹쌀을 5시간 이상 불려 30분 물기 빼고 소금 넣어 빻는다.
2. 흑미찹쌀은 24시간 불려서 찹쌀과 함께 빻는다.
3. 찹쌀가루에 찐 단호박을 넣고 굵은체에 내린 후 설탕 3큰술 넣는다.
4. 흑미찹쌀가루에 물 4큰술 넣어 굵은체에 내린 후 설탕 4큰술 넣는다.
5. 찜기에 젖은 면포를 깔고 흰설탕을 솔솔 뿌린다.
6. 면포에 호두, 땅콩, 크랜베리를 잘게 다져서 뿌리고 그 위에 흑설탕을 솔솔 뿌린다.
7. ⑥ 위에 호박찹쌀가루 얹고 숨구멍 내고, 김오른 후 5분 찐다.
8. ⑦ 위에 흑미찹쌀가루를 얹고 숨구멍 내고, 김오른 후 20분 찐다.
9. 테프론시트 위에 코코넛 가루를 뿌리고, 찐떡을 쏟는다.
10. ⑨를 2등분하여 마주보게 엎어주고, 식은 후 적당한 크기로 썬다.

고물 얹고 흑설탕 뿌림 | 호박찹쌀 찌기 전과 후 | 호박찹쌀 찐 후 흑미찹쌀 얹기
20분 찐 흑미찹쌀 | 찐 떡 붓고, 반 가르기 | 반 가른 떡 마주엎기

무지개떡

재료

멥쌀가루 1kg, 소금 1큰술(소금은 쌀가루 빻을 때 첨가)
흰 색: 멥쌀가루 200g, 물 3~4큰술, 설탕 2큰술
노란색: 멥쌀가루 200g, 치자물 2작은술, 물 2~3큰술, 설탕 2큰술
분홍색: 멥쌀가루 200g, 체리가루 1/2작은술, 물 3~4큰술, 설탕 2큰술
녹 색: 멥쌀가루 200g, 쑥가루 1작은술, 물 3~4큰술, 설탕 2큰술
갈 색: 멥쌀가루 200g, 흑임자가루 1/2작은술, 물 3~4큰술, 설탕 2큰술
계피가루, 녹차가루, 딸기가루, 코코아가루, 단호박가루 등으로 곱게 색을 낼 수도 있다.

치자액

쌀가루+치자

쌀가루+체리 | 색 들어간 쌀가루

만드는 법

1. 쌀은 잘 씻어 6시간 정도 불린 후, 30분 물기를 빼고 소금 넣어 가루로 곱게 빻는다.
2. 각각의 쌀가루에 색을 들이고 물을 주어 체에 내린다.
3. 체에 내린 쌀가루에 설탕 2큰술씩 넣어 섞는다.
4. 찜기에 시루밑 깔고 사각 무스링을 얹은 뒤, 갈색 → 쑥색 → 노란색 → 분홍색 → 흰색 쌀가루 순으로 넣는다. 그리고 무스링에 상하좌우 약간의 유격을 주고 칼금을 낸다.
5. 김이 오른 물솥에 찜기 올려 센 불로 15분 찌고, 무스링 제거한 뒤 5분 뜸들인다.

갈색(흑임자) 넣기

녹색(쑥) 넣기

노란색(치자) 넣기

분홍색(체리) 넣기

흰 쌀가루 넣기

칼금 넣기

콩가루쑥편

재료
쑥멥쌀가루 600g, 찹쌀가루 100g, 물 5큰술, 설탕 7큰술,
편콩고물 1컵(설탕 1큰술, 소금 약간, 물 2큰술)

편콩고물 볶기 전    편콩고물 볶은 후

물과 설탕 섞기

편콩고물 만들기

1. 흰콩을 잘 씻은 후 끓는 물에 30분 찌고 식힌 후 속살이 주황색이 될 때까지 볶는다.
2. 완전히 식힌 후 믹서기(분쇄기)로 살짝 부순 후 껍질을 분리하고 소금 2% 첨가한 후 잘게 분쇄한다.
3. 굵은체에 걸러 굵은 것을 추려낸다.
4. 잘 갈아진 콩에 물 20%와 설탕 30% 정도 섞어준다.

만드는 법

1. 쑥은 소금 넣고 삶아 찬물에 헹구어 꼭 짠다.
2. 쌀은 깨끗이 씻어 6시간 불린 후 건져 30분 물기뺀 후 데친 쑥 100g과 함께 소금 넣어 빻는다.
3. 쑥쌀가루에 물을 주고 중간체에 내린 다음 설탕을 섞어준다.
4. 찜기에 편콩고물 깔고 → 쑥쌀가루 넣고 → 편콩고물 순으로 올린다.
5. 쌀가루 위로 김오르면 뚜껑 덮고 20분 찌고 5분 뜸들인다.

※ 쑥쌀가루를 체에 내리면 쑥건더기가 남는데 버리지 말고 찔 때 중간에 넣으면 된다.

쌀가루+쑥 | 찜기에 편콩고물 깔기 | 체에 내리고 남은 쑥건더기 넣기

쑥쌀가루 고르게 펼침 | 편콩고물 얹기 | 스크래퍼로 잘 정리하고 찐다

카라멜 카푸치노 떡케이크

재료
멥쌀가루 700g, 우유 9큰술, 커피 3큰술, 설탕 6큰술, 커피엑기스 1큰술, 물 1큰술

속재료
카푸치노 플라린 70g, 피칸(또는 아몬드) 1/2컵

카라멜 크림 만들기

속재료

코코아 파우더

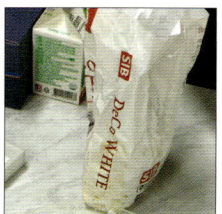
화이트 파우더

만드는 법

1. 우유, 커피, 엑기스를 섞는다.
2. 쌀가루에 ①을 넣어 수분을 맞추며 체에 내린다.
3. 속고명을 고루 섞는다(중탕으로 녹인 후).
4. 찜기에 시루밑을 깔고 쌀가루 → 속재료 → 쌀가루 순으로 안친다.
5. 쌀가루 위로 김이 골고루 오른 후 20분 찌고, 불어 줄여 5분 뜸들인다.
6. 찐 떡은 식힌 후, 체를 이용해 코코아 파우더를 뿌린다.
7. 코코아 파우터 위에 화이트 파우터로 모양을 내면 멋진 떡케이크가 된다.

카라멜 크림

재료: 생크림 100ml, 설탕 100g, 물 2큰술

1. 팬에 설탕, 물을 넣어 젓지 말고 그대로 태운다(가장자리만 타게).
2. 설탕이 타면 따듯한 생크림을 넣는다.
3. 생크림이 고루 섞이면 불을 끈다.

속고명 넣기 | 찐 떡 | 코코아 파우더 뿌리기
화이트 파우더 뿌리기 | 크리스마스 장식 | 둥근 찜기에 완성한 모양

카라멜 카푸치노 떡케이크

꿀편/승검초편

재료
꿀편 멥쌀가루 6컵, 대추고 2큰술, 꿀 4큰술, 황설탕 2큰술, (소금 2큰술)
승검초편 멥쌀가루 6컵, 승검초가루 1큰술, 물 7큰술, 설탕 5큰술, (소금 2큰술)

부재료(공통)
대추채(대추 4개), 밤채(밤 2개), 잣 약간, 석이버섯 3장

대추고 　　　승검초가루 　　　밤채 　　　대추채 　　　석이버섯

만드는 법

꿀편

1. 멥쌀가루에 꿀과 대추고를 섞은 후 손으로 비벼고 고운체에 내리고 설탕을 섞는다.
2. 찜기에 시루밑 깔고 사각 무스링 얹는다.
3. 무스링 안으로 황설탕 1큰술 뿌리고 쌀가루 얹고 밤채, 대추채, 비늘잣, 석이채 얹어 찐다.
4. 찜기에 쌀가루 안치고 고명 올려서 김 오르고 20분 찌고 5분 뜸들인다. 찌는 중간(15분)에 링스링 제거한다.

승검초편

1. 멥쌀가루에 승검초가루를 섞은 후 손으로 비벼고 고운체에 내리고 설탕을 섞는다.
2. 찜기에 시루밑 깔고 사각 무스링 얹는다.
3. 무스링 안으로 황설탕 1큰술 뿌리고 쌀가루 얹고 밤채, 대추채, 비늘잣, 석이채 얹어 찐다.
4. 찜기에 쌀가루 안치고 고명 올려서 김 오르고 20분 찌고 5분 뜸들인다. 찌는 중간(15분)에 링스링 제거한다.

| 대추고와 꿀 섞기 | 승검초가루 섞기 | 손으로 잘 비벼 섞기 |
| 고운체에 내림 | 설탕 넣기 | 승검초편(좌), 꿀편(우) 포장 |

찹쌀떡

재료
찹쌀가루 1kg, 물엿 50g, 물 10컵, 달걀 흰자, 소금, 옥수수전분, 앙금 1kg, 호두 50g

속재료 만들기
1. 팥 1kg에 물 넣어 삶아 첫 번째 물은 버린다.
2. 다시 팥의 5배 정도 물 넣고 30분 삶고, 뚜껑 닫아 1시간 뜸들인다.
3. 물기 빼고 굵은 소금 1큰술 넣고 저어주면 통팥앙금이 된다.
4. 삶은 통팥앙금과 시판 팥앙금 1:1로 하여 주걱으로 섞어 30g씩 분할해 냉동한 후 사용한다.

삶은 팥 빻기

팥앙금 섞기

만드는 법

1. 찹쌀을 5시간 이상 불려 30분 물기 빼고 소금 넣어 빻는다.
1. 찹쌀가루에 물주어 어레미에 내린다.
2. 찜기에 쌀가루를 주먹쥐어 넣어 20분 찐다.
3. 찐 떡은 밀가루 1큰술, 물엿 50g, 달걀 흰자 1/2개 첨가해 3~5분 펀칭한다.
4. 친 떡을 기름 바른 테프론시트에 쏟아 40g씩 분할한다.
5. 다진 호두와 삶은 통팥앙금과 시판 팥앙금 1:1로 섞어 속재료를 만든다.
6. 속재료는 30g씩 분할해 냉동(30분)한다(속재료가 약간 단단해야 만들기 좋다).
7. 분할한 떡에 속재료를 넣어 둥글게 만들고 전분가루 묻혀 완성한다.

간편 앙금 만들기

시판앙금 1kg, 소금 2큰술, 계피가루 1큰술, 설탕 1컵 넣어 졸인다.

주먹쥐어 찜기에 안치기 · 찐 떡은 펀칭한다 · 속재료를 둥글게 만든다

펀칭한 떡을 소분 · 속재료 넣고 빚는다 · 전분가루 묻혀 완성

흑임자편

재료
멥쌀가루 800g, 흑임자가루 4큰술, 물 10큰술, 설탕 6큰술

흑임자가루

만드는 법

1. 멥쌀을 8시간 정도 불린다. 소쿠리에 건져 30분 후 소금 넣고 곱게 빻는다.
2. 멥쌀가루 400g에 물 주어 잘 비빈 후 고운체에 내리고 설탕을 섞는다.
2. 멥쌀가루 400g에 물 주어 잘 비빈 후 고운체에 내리고 설탕과 흑임자가루를 섞는다.
3. 찜기에 사각 무스링 깔고 → 흑임자쌀가루 1/3 → 흰쌀가루 1/2 → 흑임자쌀가루 1/3 → 흰쌀가루 1/2 → 흑임자쌀가루 1/3 순으로 안친다.
3. 김 오른 물솥에 찜기를 올린 후 쌀가루 위로 김이 오르면 20분 찌고 5분 뜸들인다.

흑임자 + 멥쌀가루 고운체 내림

무스링 깔고 쌀가루 넣기

완성된 흑임자편

실수로 멥쌀 대신 찹쌀로 만들어 납작한 흑임자편이 되었다. '멥쌀', '찹쌀'로 표기하여 구분하자.

※ 찹쌀과 멥쌀을 구분할 수 없을 때는 요오드를 쌀가루에 떨어뜨려 색깔로 구분한다.

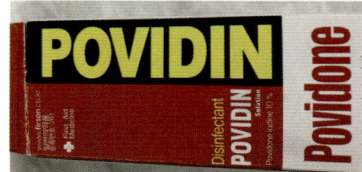
요오드(찹쌀과 멥쌀 구별 가능)

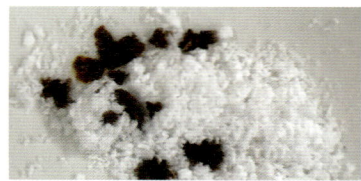
요오드+찹쌀가루

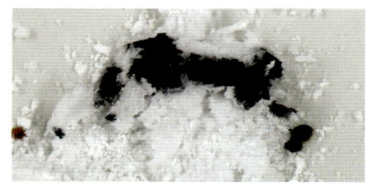
요오드+멥쌀가루

봉치떡

재료
찹쌀가루 500g, 멥쌀가루 500g, 설탕 10큰술, 물 9큰술, 밤 1개, 대추 7개, 붉은 팥고물

팥

옹기 시루

※ 봉치떡: 혼인 전에 신랑집에서 신부집으로 채단과 예장을 보내는 일을 봉치라 하며, 이 봉치에 신부 집에서 준비하는 떡을 봉치떡이라 한다. 이 떡에는 붉은팥과 찹쌀로 만든 시루떡에 대추, 밤 등의 고명을 올렸다. (이번 봉치떡에는 예스러운 모양을 내기 위해 옹기 시루를 사용했다.)

만드는 법

1. 찹쌀과 멥쌀은 물에 담가 불린 후 각각 빻는다(쌀 1kg에 소금 1큰술 넣는다).
2. 팥은 씻어 일어 물을 넉넉히 붓고 끓어오르면 첫 물은 쏟아버린다.
3. 팥의 3배 정도의 물을 붓고 삶는다. 푹 삶아지면 여분의 물을 따라내고 소금 넣고 타지 안 도록 뜸을 들인다.
4. 삶은 팥은 한 김 나간 후 절구에 쏟아 대강 찧어서 팥고물을 만든다.
5. 멥쌀가루에 물 6큰술을 넣고, 잘 섞은 후 찹쌀가루 함께 굵은체에 내린다.
6. ⑤의 쌀가루에 설탕 8큰술을 넣어 고루 섞는다.
7. 옹기 시루에 시루밑 깔고 → 팥고물 → 쌀가루 1/2 → 팥고물 → 쌀가루 1/2 → 팥고물 순서로 안친다(추가로 고물과 쌀가루 사이에 설탕을 1큰술 뿌리면 단맛을 즐길 수 있다).
8. 팥고물 위에 쌀가루를 직경 6cm 정도로 한 컵을 동그랗게 놓고 → 그 위에 대추 7개 돌리고 밤 1개는 중앙에 놓는다.
9. 쌀가루 위로 김이 골고루 오른 후 20분 찌고, 불어 줄여 5분 뜸들인다(떡을 찔 때 옹기 시루 위로 면포를 씌운다).

쌀가루 1/2 넣기

중간에 설탕 넣기

쌀가루 1/2 넣고 스크래퍼로 정리

팥고물 위에 쌀가루, 대추, 밤

끓는 물솥에 올리기

찐 떡을 꺼내 뒤집은 모양

오색 쌀강정

유자　　호박씨　　땅콩　　대추　　검정깨

재료

말린 멥쌀 5컵(쌀강정 밑준비 참고)
시럽: 설탕 2컵, 물 1/2컵, 물엿 2컵
흰색: 튀긴 쌀 4½컵, 다진 땅콩 1/2컵, 시럽
초록색: 튀긴 쌀 4½컵, 다진 호박씨 1/2컵, 녹차 또는 파래가루, 시럽
노란색: 튀긴 쌀 4½컵, 유자청 건지 1큰술, 치자물 1작은술, 시럽
분홍색: 튀긴 쌀 5컵, 백련초가루 1/2작은술, 다진 대추 1큰술, 시럽
검정색: 튀긴 쌀 5컵, 검정깨 2큰술, 시럽

쌀강정 밑준비

재료: 멥쌀 2컵, 물 10컵
소금물: 물 5컵, 소금 1큰술

만드는 법

1. 쌀 2컵을 깨끗이 씻어 1시간 정도 불린다.
2. 물 10컵을 붓고 끓으면 불린 쌀을 넣고 밑이 타지 않도록 저어주면서 끓인다.
3. 쌀알의 안이 말갛게(심이 없을 때까지) 끓인다.
4. 익힌 쌀을 소쿠리에 쏟아 맑은 물이 나올 때까지 헹군다.
5. 마지막 헹굼물에 소금을 풀어 5분 정도 담가 간이 배도록 한다.
6. 물기를 쭉 빼서 비닐깔고 따뜻한 바닥에 얇게 펴 말린다.
7. 말리는 도중에 밥알이 뭉치지 않도록 나무 젓가락으로 자주 저어주고 바짝 마르면 밀대로 밀어 하나하나 떨어지도록 한다(손으로 비벼도 됨).
8. 멥쌀 2컵을 말리면 2컵이 조금 안되게 나온다.

투명하게 끓인 쌀

쌀 말리기

만드는 법

1. 쌀은 깨끗이 씻어 1시간 이상 불린 후 심이 없을 때까지 끓인다.
2. 익힌 쌀을 맑은 물이 나올 때까지 헹구고, 소금물에 한번 더 헹군 후 채반에 널어 말린다.
   (쌀강정 밑준비 참고)
3. 팬에 기름을 붓고 220℃ 온도까지 끓인다.
4. 말린 쌀을 체에 담고 뜨거운 기름에서 2~3초간 튀겨 낸 다음 기름은 털어낸다.
5. 넓은 쟁반에 키친타올을 깔고 튀긴 쌀을 펼쳐 놓는다.
6. ④와 ⑤를 반복한다.
7. 설탕과 물엿으로 시럽을 만든다.
8. 팬에 시럽을 넣고 졸인 다음 튀긴 쌀을 넣고 나무주걱으로 잘 섞어 버무린다.
9. 사각틀에 비닐 깔고, 기름을 바르고 버무린 쌀을 넣어 모양을 만든다.
10. 적당히 식으면 썬다. 너무 식혀서 썰면 부서진다.

기름에 완전히 넣기 | 쌀이 부풀어 오름 | 체를 한번에 올림

받침에 통통쳐 기름뺌 | 2차로 기름 빼기 | 키친타올 깔고 쏟음

시럽 만들기

설탕 5컵, 물 1/2컵, 물엿 5컵, 소금 약간 넣어 팬에서 젓지말고 끓여서 중탕한다.
(계절에 따라 설탕과 물엿 비율 조절해야 한다. 여기에는 설탕 700g:물엿 900g을 사용)

물엿과 설탕 넣고 시럽 만들기   시럽에 녹차 가루   시럽에 백련초 가루

시럽에 버무리기 전 쌀과 고명   고명 섞은 쌀 시럽에 버무리기   사각틀에서 밀어서 모양잡기

적당한 크기로 자른 후 식히기   포장하기

개성 약과

재료
밀가루 400g, 소금 1작은술,
후추 1/2작은술, 참기름 70g,
계피가루 1/2작은술,
설탕시럽 80g, 소주 80g
고명재료: 대추, 잣, 호박씨

설탕시럽
설탕 1컵, 물 1컵, 생강 약간, 꿀 1큰술
만드는 법: 설탕 1컵에 물 1컵을 섞어 끓으면 약한 불에서 10분 동안 끓이고, 꿀을 넣고 식혀 반죽용 설탕시럽을 만든다.

집청시럽
조청 1.4kg, 물 1컵, 생강 30g

설탕, 물, 생강 / 설탕시럽 끓이기 / 조청, 물, 생강 / 집청시럽 끓이기 / 집청시럽 완성

밀가루 / 생강 / 조청 / 대추 / 호박씨

만드는 법

1. 소금은 곱게 갈고, 밀가루는 체에 내린다.
2. 밀가루에 소금, 후추를 고루 섞은 후 참기름을 넣어 고루 비벼 체에 내린다.
3. ②에 설탕시럽, 소주를 넣어 날가루가 보이지 않도록 섞어 한덩어리로 만든다.
4. 약과 켜를 많이 내기 위해서는 밀가루 반죽을 반으로 나눠 겹치기를 4~5회 반복한다.
5. 반죽을 1cm 두께로 고르게 편 다음 정사각형(3~4cm 크기)으로 썰고, 속까지 고루 익을 수 있도록 칼집을 낸다.
6. 팬에 기름을 넉넉하게 부어 110℃에서 서서히 튀기다가 약과 켜가 일어나면 140℃로 불을 조절하여 갈색이 나도록 튀겨서 건진다. 이때 팬 바닥에 깔려있는 약과는 계속 저어서 눌지 않도록 한다.
7. 기름을 뺀 튀긴 약과는 집청시럽에 1시간 이상 담근 뒤 건진다(반나절을 담근 후 건져도 눅눅해지지 않는다).
8. 고명을 얹어 장식한다.

밀가루 반죽 밀기 · 약과 모양 내기 · 기름에 튀기기

튀긴 후 건진 약과 · 약과 집청시럽 담그기 · 약과 고명얹고 포장

양갱

재료
가루한천 20g, 백앙금 1kg, 물 4컵, 설탕 140g, 소금 2g, 물엿 50g, 밤통조림

커피양갱 재료
가루한천 25g, 백앙금 1kg, 물 4컵, 설탕 140g,
소금 2g, 물엿 60g, 밤통조림,
가루커피 5큰술(물 1/2컵)

한천물

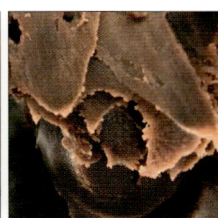
팥앙금

양갱틀

만드는 법

1. 냄비에 불린 한천(물 4컵, 가루한천 20g, 1시간) 넣고 약불로 5분 끓임
2. 설탕 넣고 졸여 청을 만든다. 소금, 앙금 넣고 15분 정도 저어준 후 되직해지면(찬물에 떨어뜨려 올챙이 모양이 되면) 물엿 넣고 1분 정도 저어준다.
3. 농도가 나면 견과류(밤통조림)와 섞어주면서 틀에 붓는다.
4. 굳힐 그릇의 안쪽에 물을 발라주고 틀에 부어 냉장. (수제앙금 1kg일 때 설탕 350g, 물엿 1컵)

※ 커피양갱은 만드는 방법은 동일하며, 단 커피가루는 물에 녹여 사용한다.

커피양갱

| 한천물 팥앙금 넣기 | 팥앙금 젓기 | 팥앙금이 잘 풀어진 상태 |
| 양갱틀에 붓기 | 양갱 포장하기 | 커피양갱용 커피가루 |

쌀튀밥 강정

재료
뺑튀긴쌀 4½컵, 깨 2큰술, 땅콩 다진 것 1/2컵, 시럽 1/2컵

시럽
설탕 5컵, 물 1/2컵, 물엿 5컵, 생강편, 소금 약간 넣어 팬에서 젓지말고 끓여서 중탕
(계절에 따라 설탕과 물엿 비율 조절해야 한다)

설탕, 물엿, 생강, 물 넣고 끓임

완성된 시럽

땅콩   튀긴쌀

만드는 법

1. 팬에 기름 1큰술 두르고 시럽을 넣고 졸인 다음 튀밥(튀긴쌀)을 넣고 나무주걱으로 잘 섞어 버무린다(모든 재료가 섞인 5컵에 시럽 1국자 정도 넣어 버무린다).
2. 사각틀 위에 기름바른 비닐을 씌운 후 버무린 쌀을 넣어 모양을 만든다.
3. 2~3분 지나 완전히 굳기 전에 썰어준다.

※ 튀밥 (1회 튀김 중량은 쌀 2.2kg씩)
현미 또는 흰쌀, 잡곡, 콩 등을 튀겨서 사용하는데 시럽이 들어감으로 단 것을 넣지 않고 튀긴다(튀길 때 강정용으로 말하면 빼고 해줌).

| 팬에 시럽 붓고 끓임 | 시럽과 튀긴쌀 버무림 | 사각틀에 붓기 |
| 밀대로 고르게 펴기 | 적당한 크기로 썰기 | 강정 식히기 |

단호박 무화과 양갱

재료

단호박 450g, 가루한천 15g, 물 3컵, 물엿 45g, 설탕 220g, 소금 1g, 무화과 100g
투명한 양갱용: 가루한천 10g, 물 2컵, 물엿 30g

찐 단호박

무화과

양갱 포장

만드는 법

1. 무화과는 더운물 반컵, 설탕 1큰술 넣어 살짝 졸인 다음 썰어 놓는다.
2. 물 3컵에 가루한천 15g을 넣어 1시간 정도 불린다.
3. 냄비에 불린 한천물을 넣고 약불로 5분 끓이면 투명하게 된다.
4. ③에 설탕, 소금, 으깬 단호박 넣고 20분 저어준 후 대직해지면 물엿 넣고 10분 저어준 후 약간 식힌다.
5. 물 2컵에 한천 10g 넣어 불린(1시간) 후 투명하게 끓인 후 물엿 넣고 10분 저어준 후 약간 식혀 투명한 양갱용으로 준비한다.
6. 틀에 ⑤를 조금 붓고 → 무화과 넣고 → ④를 붓어 동시에 넣어 냉동하여 굳힌다.
7. 양갱이 굳은 후 틀에서 꺼내면 양갱 위쪽은 투명하게 되어 무화과가 보인다.
8. 완성된 양갱은 비닐봉투를 낱개 포장한다.

| 한천 넣고 끓이기 | 한천물에 단호박 넣기 | 무화과 설탕 넣고 졸이기 |
| 틀에 무화과 넣기 | 무화과 위에 단호박한천 붓기 | 반으로 절단한 양갱 |

견과류 강정

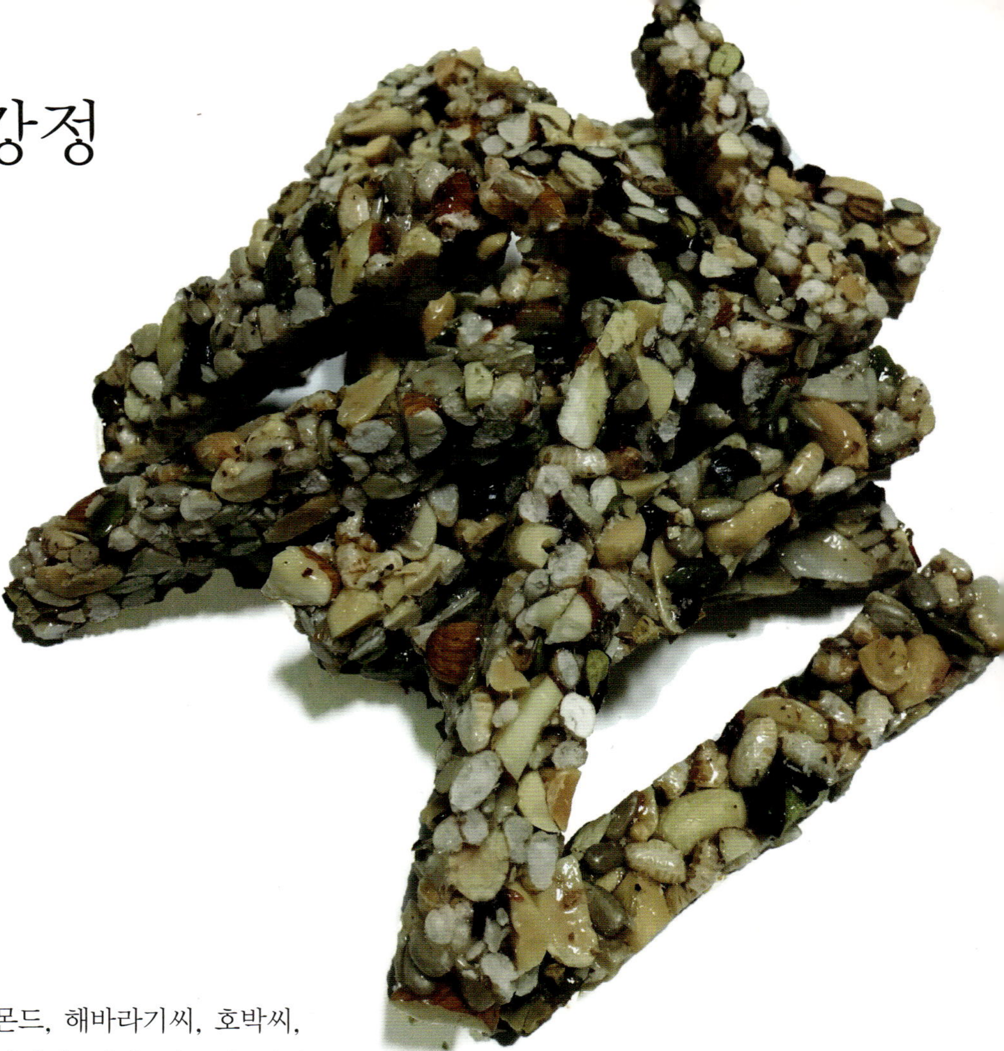

재료
각종 견과류(땅콩, 아몬드, 해바라기씨, 호박씨,
크랜베리, 캐쉬너트, 서리태, 피칸 등) 5컵, 시럽 1/2컵,
식용유 약간, 튀긴쌀 약간(쌀튀밥 강정 참고, 튀긴쌀 없이 만들어도 됨)

시럽
물엿 600g, 설탕 500g, 물 1/2컵, 생강편, 소금 약간 넣어 팬에서 젓지말고 끓여서 중탕

땅콩　　　서리태　　　아몬드　　　해바라기씨　　　아몬드

만드는 법

1. 아몬드, 호박씨 등을 팬에 살짝 볶는다.
2. 팬에 기름 1큰술 두르고 시럽을 넣고 졸인 다음 믹스넛트를 넣고 나무주걱으로 잘 섞어 버무린다(모든 재료가 섞인 3컵에 튀밥 약간과 시럽 1국자 정도 넣어 버무린다).
2. 사각틀 위에 기름바른 비닐을 씌운 후 버무린 쌀을 넣어 모양을 만든다
3. 충분히 식힌 후, 완전히 굳기 전에 썰어 적당하게 포장한다.

해바라기씨 볶기 / 호박씨 볶기 / 아몬드 볶기

시럽 만들기 / 튀밥과 각종 견과류 섞음 / 팬에 시럽 붓고 끓임

시럽과 각종 견과류 버무리기 / 사각틀에 넣고 굳힘 / 강정 썰기

호두 강정

재료
호두 500g, 물 5컵, 튀김기름

시럽
재료: 물 60g(4큰술), 설탕 150g(1컵), 물엿 50g(2큰술), 소금 약간
만들기: 125℃에서 끓여서 청 잡음

호두

물엿

호두 데치기

시럽 만들기

만드는 법

1. 호두는 끓는 물에 데쳐 떫은 맛을 제거한다.
2. 냄비에 시럽을 끓여 청을 잡아준다.
3. 데친 호두를 ②에 조금씩 넣어 윤기나게 졸여 체에 받혀 놓는다.
4. 시럽에 졸인 호두를 140℃ 정도의 기름에 튀긴다(기름에 튀길 때 먼저 호두 하나를 넣어 온도를 확인하고, 뜨거운 기름에 호두를 넣을 때 화상에 주의한다).
5. 튀긴 호두는 철판에 넓게 펼쳐 식힌다.
6. 식은 호두는 펼쳐놓고 키친타올로 닦아 기름을 뺀다(기름기를 많이 제거할수록 고급스럽고 맛도 좋다).

※ 호두 강정은 간식이나 선물로 좋다.

시럽에 호두 졸이기 　　 시럽 점도 확인 　　 졸린 호두 체에 받히기

끓는 기름에 호두 넣기 　　 호두 튀기기 　　 튀긴 호두 기름빼기

깨엿 강정

재료
볶은 흰깨 500g,
볶은 검정깨 500g,
볶은 들깨 500g,
고명재료(대추 5개, 잣, 호박씨)

시럽
재료: 물엿 800g, 설탕 700g, 물 1/2컵, 소금 1/3작은술
만들기: 물, 물엿, 설탕, 소금 순으로 냄비에 재료를 넣고 끓여서 굳지 않도록 중탕하면서 사용한다(약한 불에서 끓인다).

시럽 만들기 · 들깨는 고명과 함께 버무려 만든다

흰깨 · 검정깨 · 들깨 · 고명 재료

고명 준비

1. 대추는 씨를 발라내어 돌려깎기하고 돌돌말아 얇게 썬다. 일부는 채 썬다.
2. 아몬드는 잘게 썰어 볶는다.

만드는 법

1. 팬에 깨를 각각 따뜻하게 볶는다.
2. 따뜻하게 볶아진 깨 2컵에 시럽 8큰술을 넣어 약한 불에서 실이 많이 보일 때까지 버무린다(이때 팬에 약간의 식용유를 넣어 물엿이 붙지 않도록 한다).
3. 얇은 엿강정틀에 식용유 바른 비닐을 깔고 고명을 뿌린다.
4. ③에 버무린 깨를 쏟고, 깨가 식기 전에 밀대로 얇게 편다(대추채, 비늘잣, 반으로 가른 호박씨를 얹고 밀대로 밀어 장식하기도 한다).
5. 딱딱하게 굳기 전에 칼로 자른다.

※ 날씨가 더울 때는 설탕 양을 늘이고, 추울 때는 물엿 양을 늘인다.

틀 위에 비닐깔고 고명 얹기 / 시럽 팬에 붓기 / 시럽에 깨 넣고 버무리기

버무린 깨 틀에 쏟기 / 밀대로 펴기 / 적당한 크기로 자르기